みない きぬこ

一生使える作りおき

素材別で探しやすい **137**品

オレンジページ

はじめに

なにかと忙しい毎日、
冷蔵庫に作りおきおかずがあると
心強いものです。
すきま時間に作っておけば、
そのまま食べても OK。
さらに、食材をプラスしたり、
味わいを変えたりして
アレンジもきくメニューは、
食べ飽きないからとっても便利なんです。
この本では、そんな作りおきレシピを
素材ごとや季節ごとに並べてご紹介。
毎日のごはん作りがグッとラクになって
もう一生、献立に悩まなくていい！

この本の使い方　part 1 主菜

part 1 では、主菜の作りおきおかずを肉の種類ごと（または魚）にまとめ、
4 ページまたは 2 ページ 1 セットでアレンジメニューとともにご紹介しています。

保存の目安と調理時間……
＊おかずを冷ます時間は含みません

緑色のタブは主材料となる
肉の種類（または魚）を示しています

調理の
ポイント

ベースとなる
作りおきおかず

ベースとなる作りおきおかずを
そのまま食べる場合の、
温めなおし方やおすすめの食べ方

ベースとなる作りおきおかずの
アレンジレシピ①

ベースとなる作りおきおかずの
アレンジレシピ②

この本の使い方　part 2 副菜

part 2 では、春夏秋冬（および通年）ごとに作りやすい副菜をまとめました。
「野菜一品のクイック副菜」のページでは、
野菜 1 種類で作れる副菜をアレンジメニューとともにご紹介しています。

旬の食材で作る作りおき副菜

オレンジ色のタブは主材料となる食材の旬を示しています

保存の目安と調理時間

ベースとなる作りおき副菜

ベースとなる作りおき副菜のアレンジレシピ①

保存の目安と調理時間

ベースとなる作りおき副菜のアレンジレシピ②

オレンジ色のタブは主材料となる食材の旬を示しています

この本のルール

調理器具

フライパン >
特にサイズの記載がない場合、直径26cmの
フッ素樹脂加工のものを使用しています。

電子レンジ >
加熱時間は600Wのものを基準にしていま
す。500Wなら1.2倍、700Wなら0.8倍を
目安に加熱してください。なお、機種によ
って多少異なる場合があります。

オーブントースター＆オーブン >
オーブントースターは1000Wのものを基準
にしています。どちらも機種によって、加
熱時間や温度に差が出る場合があります。
様子をみながら加熱し、焦げそうな場合は
アルミホイルをかぶせてください。

揚げ油

揚げ油の温度は、油を熱したフライパンや鍋
の底に乾いた菜箸を当て、泡の立ち方でチェ
ックします。

低温（160〜165℃）>
ひと呼吸おいてから、ゆっくりとまばらに、
菜箸の先から細かい泡が出る状態。

中温（170〜180℃）>
菜箸の先から、すぐに細かい泡がシュワシ
ュワッとまっすぐに出る状態。

高温（185〜190℃）>
菜箸の先から、細かい泡が勢いよく一気に
出る状態。

だしのとり方

材料表に「だし汁」とあるものは、基本的に昆
布と削り節でとったものをさします。市販の
顆粒状やパック状のものは、パッケージの表
示に従ってとってください。

材料表の記載順

基本的には、主材料→副材料→調味料→油の
順に記載し、〈煮汁〉〈水溶き片栗粉〉などはま
とめています。また、単体で使う水は材料表
に入れずに、作り方に分量を表記しています。

「少々」と「適宜」の違い

分量として少量である場合は「少々」とし、多
少分量が増減してよく、好みによる場合など
は「適宜」と表示しています。また、同じ材料
を一つのレシピで複数回使う場合、材料表で
「適宜」とし、作り方に使うつど分量を示す場
合があります。

保存容器

料理を保存しておく容器とふたは、耐熱性な
ら熱湯を回しかけて消毒し、自然乾燥を。耐
熱でなければ、アルコールなどで消毒してく
ださい。また、料理を取り分けるときは清潔
な箸を使ってください。

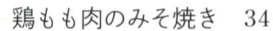

part 2 副菜

part 1 主菜

肉や魚をさっと煮たり焼いたりして
保存しておけば、
忙しい日にはそのまま、
ちょっと飽きたときは
アレンジして楽しめます。
豚肉、鶏肉、牛肉、ひき肉、魚。
素材ごとのメインおかずレシピです。

豚肉のトマト煮

豚こまを使って作る手軽な煮込み。
肉は粗く刻むと食べやすく、アレンジにも使いやすくなります。

1人分421kcal　塩分2.2g

材料 2人分×2回分

豚こま切れ肉…500g

玉ねぎ…1個(約200g)

にんにくのみじん切り…小さじ1

塩…小さじ½

こしょう…少々

煮汁
- カットトマト缶詰(400g入り)…2缶
- トマトケチャップ…大さじ5
- 砂糖…大さじ1
- 塩…小さじ½
- こしょう…少々

オリーブオイル…大さじ½

作り方

1 玉ねぎは縦半分に切って横半分に切り、さらに縦に薄切りにする。豚肉は粗く刻んでボールに入れ、塩、こしょうをふってもみ込む。

2 鍋にオリーブオイル、にんにくを入れて中火にかける。香りが立ったら玉ねぎを加えて3〜4分炒め(a)、豚肉を加えてほぐしながら炒める。

3 肉の色が変わったら煮汁の材料を加え(b)、ざっと炒める。全体がなじんだら、水1カップを加え、沸騰したらアクを取る。ふたを少しずらしてのせ、弱めの中火にする。ときどき鍋底から混ぜながら、15分ほど煮る。さめたら保存容器に入れ、冷蔵庫で保存する。

そのまま食べるときは

1人分(¼量)を耐熱の器に入れ、ふんわりとラップをかけて、電子レンジで1〜2分加熱する。粗びき黒こしょう少々をふり、好みでバゲット適宜を添えても。

［アレンジ1］豚こまのトマトリゾット

寒い日の朝食や夜食にもおすすめの簡単リゾット。
ご飯を入れたら混ぜすぎず、温める程度でOK。

材料　2人分

豚肉のトマト煮（P13参照）…⅓量
温かいご飯…250g
マッシュルーム…1パック（約80g）
塩…少々
好みで粉チーズ…適宜
オリーブオイル…小さじ1

作り方

1　マッシュルームは石づきがあれば切り落とし、縦に薄切りにする。

2　鍋にオリーブオイルを中火で熱し、マッシュルームを入れて2〜3分炒める。しんなりとしたら、豚肉のトマト煮、ご飯、水1カップ弱を加えてさっと混ぜ合わせる。ひと煮立ちしたら塩を加えて味をととのえ、器に盛って、好みで粉チーズをふる。

1人分515kcal　塩分1.9g

[アレンジ2] **洋風トマト肉じゃが**

ごろごろ野菜を加えて、ボリュームたっぷりの総菜に。
一品で食べごたえも食卓映えもする、お助けレシピ。

主菜・豚肉

材料 2人分

豚肉のトマト煮（P13参照）…⅓量
じゃがいも…2個（約300g）
ブロッコリー（小）…½株（約100g）
洋風スープの素（顆粒）…小さじ½
塩…小さじ⅕
オリーブオイル…小さじ1

1人分417kcal　塩分2.4g

作り方

1 じゃがいもは皮をむき、一口大に切る。ブロッコリーは小房に分ける。

2 鍋にオリーブオイルを中火で熱し、じゃがいもを入れて炒める。油がなじんだら、豚肉のトマト煮、水½カップを加える。スープの素、塩を加えて全体をざっと混ぜ、煮立ってきたら弱めの中火にする。ふたを少しずらしてのせ、ときどき混ぜながら10分ほど煮る。

3 ブロッコリーを加え、再びふたを少しずらしてのせ、5分ほど煮る。

15

ゆで塩豚

塩をもみ込んで一晩以上おき、うまみを凝縮。
ゆで汁の中でさますと、しっとり柔らかく仕上がります。

冷蔵で
3〜4日
保存可

調理時間
60分

豚肉を冷蔵庫
におく時間は
除く。

1人分 381kcal　塩分 2.0g

材料 2人分×2回分

豚肩ロースかたまり肉…700g

塩(あれば粒が粗めのもの)

　…大さじ1½(なければ塩大さじ1)

ねぎの青い部分…適宜

しょうがの薄切り…5～6枚

酒…¼カップ

作り方

1　豚肉は厚みを半分に切り、塩をもみ込む(a)。保存袋に入れ、空気をなるべく抜いて閉じ、冷蔵庫で一～二晩置く(この状態で5日間保存できる)。

2　表面の塩をさっと洗い流して鍋に入れ、水1.5ℓ、ねぎ、しょうが、酒を加えて強火にかける。

3　煮立ったらアクを取り(b)、弱めの中火で50分ほどゆでる。途中、水分が少なくなってきたら水をたし、肉がゆで汁に浸った状態でゆでる。火を止めてそのまま汁の中でさまし、保存容器に汁ごと入れて冷蔵庫で保存する(豚肉がゆで汁につかった状態で保存する)。

そのまま食べるときは

1人分(¼量)を幅5mmの薄切りにして器に盛る。ねぎ4cmに縦に1本切り目を入れ、しんを取り除いて縦にせん切りにする。水に2～3分さらして水けをきり(しらがねぎ)、練り辛子適宜とともに添える。

[アレンジ 1] ゆで塩豚と大根の エスニックサラダ

豚肉は手でほぐすと、ほろっとした食感に。
大根の食感とのハーモニーも◎。

材料 2人分

ゆで塩豚(P17参照)…⅓量
大根…5 ～ 6cm(約200g)
三つ葉…1 束(約30g)
ドレッシング
　ナンプラー、レモン汁、サラダ油
　　…各小さじ 1
　赤唐辛子の小口切り…少々

作り方

1 塩豚は手で食べやすくほぐす。大根は皮をむき、細切りにする。三つ葉は長さ 2 ～ 3cmに切る。ドレッシングの材料は混ぜ合わせる。

2 ボールにドレッシング以外の①を入れてさっと合わせ、器に盛り、ドレッシングを回しかける。

1人分 292kcal　塩分 2.0g

[アレンジ2] # ゆで塩豚と根菜のソテー

肉はかたまりのまま焼きつけて、豪快な一品に。
柔らかくゆでてあるので、こんがりと焼き色をつければOK。

材料 2人分

ゆで塩豚(P17参照)…½量
れんこん…½節(約100g)
かぶ(小)…2個(約120g)
塩…少々
オリーブオイル…小さじ1

作り方

1 れんこんは皮つきのままよく洗い、水けを拭いて幅1cmの輪切りにする。かぶは茎を3cmほど残して葉を切り、皮つきのまま4等分のくし形切りにして、茎の根元についた泥を洗い流す。塩豚を半分に切る。

2 フライパンにオリーブオイルを中火で熱し、①の野菜、塩豚を並べ入れ、それぞれ両面に焼き色がつくまで5〜6分焼く。器に盛り、野菜に塩をふる。

1人分444kcal 塩分2.3g

ゆで豚の梅漬け

とんカツ用肉で作る手軽なゆで豚。
保存性を高める梅干しとしょうがが、
風味づけにもなって美味。

材 料　2人分 × 2 回分

豚ロース肉(とんカツ用)…4 枚(約 450g)
ゆで汁
　水…4 カップ
　酒…¼ カップ
　梅干し(塩分 8 〜 10%)…4 個
　しょうがの薄切り…4 〜 5 枚
　塩…大さじ½
塩…小さじ 1

1 人分 **299**kcal　塩分 **1.0**g

作 り 方

1 豚肉は脂肪と赤身の境目の筋を切
　り、塩をふってもみ込む。

2 鍋にゆで汁の材料を入れて強火に
　かけ、煮立ったら①を入れる(a)。
　ゆで汁が再びふつふつと煮立った
　らふたをして火を止め、余熱で火
　を通しながらさめるまでそのまま
　おく。ゆで汁が完全にさめたら汁
　ごと保存容器に入れ、冷蔵庫で保
　存する(豚肉がゆで汁につかった状態で保
　存する)。

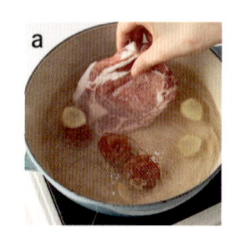

そのまま食べるときは

1 人分(1 枚)を 7 〜 8 等分に切って耐熱皿にの
せ、ラップをかけて電子レンジで 1 分ほど加
熱する。器に盛り、青じその葉 2 枚を添える。
ゆで汁の梅干し 1 個の種を取り除いて包丁で
たたき、しょうゆ少々と合わせて肉にかける。

[アレンジ] キャベとん春巻き

1人分 364kcal　塩分 0.7g

手間のかかる春巻きも、ゆで豚の梅漬けがあれば、平日でも気楽に作れます。

材料　2人分

ゆで豚の梅漬け (左記参照) …1枚
キャベツの葉…1枚 (50〜60g)
春巻きの皮…3枚
ミニトマト…3個
水溶き小麦粉
　小麦粉…大さじ1
　水…大さじ½
練り辛子…適宜
揚げ油…適宜

作り方

1　豚肉は横に幅7〜8mmに切る。キャベツはしんをV字に切り、せん切りにする。春巻きの皮は横半分に切る。水溶き小麦粉の材料を混ぜ合わせる。

2　まな板の上に春巻きの皮1切れを横長に置く。手前から⅓のところに、左右を2cmほどあけて練り辛子適宜を横長に塗り、キャベツと豚肉の各⅙量を横長にのせる。左右と奥の縁に水溶き小麦粉をつけて手前から巻き、巻き終わりをしっかりと留め、両端をぎゅっと押さえて閉じる。残りも同様にする。

3　フライパンに揚げ油を高さ2cmほど入れて中温 (P5参照) に熱し、②を巻き終わりを下にして入れ、ときどき上下を返しながら、きつね色になるまで2〜3分揚げる。取り出して油をきり、器に盛ってミニトマトを添える。

豚しゃぶと玉ねぎのレモンサラダ

玉ねぎの香りとレモンの酸味で、フレッシュな味わいをキープ。
豚肉は余熱で火を通すと、柔らかく仕上がります。

冷蔵で
2〜3日
保存可

調理時間
25分

材料 2人分×2回分

豚肩ロース（またはロース）薄切り肉
　（しゃぶしゃぶ用）…500g
紫玉ねぎ（なければ玉ねぎ・大）
　…1個（約250g）
ドレッシング
　レモン汁…大さじ2
　サラダ油…大さじ1
　砂糖…小さじ½〜1
　塩…小さじ1弱

1人分371kcal　塩分1.4g

作り方

1　紫玉ねぎは縦半分に切り、さらに縦に薄切りにする。冷水に5分ほどさらし、水けをよく絞る。

2　熱湯を中火で沸かし、豚肉を1枚ずつ広げて入れる。肉の色が変わったら取り出してざるに広げ、余熱で火を通す。

3　ボールにドレッシングの材料を混ぜ合わせ、①と②を加え、全体がなじむまでよくあえる。さめたら保存容器に入れ、冷蔵庫で保存する。

そのまま食べるときは

2人分（½量）を耐熱皿にのせ、ラップをふんわりとかけて電子レンジで30〜40秒加熱し、かるく温める。器に盛り、好みのレタス（サニーレタスなど）適宜を添える。

[アレンジ]

豚しゃぶと豆もやしのおかずナムル

にんにくやごま油で風味よく。野菜はレンチンで手軽に。

材料 2人分

豚しゃぶと玉ねぎのレモンサラダ
　（左記参照）…½量
大豆もやし…1袋（約200g）
にら…1束（約100g）
A
　ごま油…大さじ½
　塩…小さじ⅕
　にんにくのすりおろし、こしょう
　　…各少々

1人分 448kcal　塩分 2.0g

作り方

1. もやしは洗い、水けをかるくきる。にらは長さ5cmに切る。

2. 耐熱のボールにAを入れて混ぜ合わせ、①を加えてさっとあえる。ラップをふんわりとかけ、電子レンジで3分ほど加熱する。全体をよく混ぜ、再びラップをかけて、さらに2分ほど加熱する。熱いうちに豚しゃぶを加え、全体をよく混ぜる。

フライパンチャーシュウ

とんカツ用肉をチャーシュウ仕立てに。
濃厚なオイスターソースに、はちみつがかくし味。
フライパンで作れる手軽さも◎。

豚肉をたれに
漬ける時間は
除く。

1人分 459kcal　塩分 1.7g

材料 2人分×2回分

豚ロース肉（とんカツ用・大）…4枚（約640g）
漬けだれ
　酒、みりん…各大さじ2
　しょうゆ、オイスターソース
　　…各大さじ1⅓
　はちみつ…大さじ½
　にんにくのすりおろし、
　　しょうがのすりおろし…各小さじ½
ごま油…小さじ½

作り方

1 豚肉は脂肪と赤身の境目に包丁で切り込みを入れて筋を切る。保存袋に漬けだれの材料とともに入れてもみ込み、冷蔵庫で30分～一晩置く（a）。

2 フライパンにごま油を弱めの中火で熱し、①を汁けをきって並べ入れ（漬けだれはとっておく）、両面にこんがりと焼き色がつくまで4～5分ずつ焼く。保存袋に残った漬けだれを加え（b）、汁けがほぼなくなるまで煮からめる。さめたら保存容器に入れ、冷蔵庫で保存する。

そのまま食べるときは

1人分（1枚）を食べやすく切って耐熱皿にのせ、ラップをふんわりとかけて電子レンジで30秒ほど加熱する。器に盛り、春菊適宜の葉先を摘んで添える。

[アレンジ1] # チャーシュウ入り炒飯

チャーシュウがごろごろ入って、食べごたえ満点！
卵はふんわりと炒めて取り出し、あとから加えるのがコツ。

材料 2人分

フライパンチャーシュウ(P25参照)…1枚
温かいご飯…茶碗2杯分強(約350g)
ねぎの粗いみじん切り…½本分(約40g)
生しいたけの粗いみじん切り
　　…2個分(約40g)
卵…2個
塩、こしょう…各少々
ごま油…大さじ1⅓

1人分 683kcal　塩分 1.5g

作り方

1 チャーシュウは1.5cm角に切る。卵は割りほぐす。

2 フライパンにごま油小さじ1を中火で熱し、卵を流し入れて大きく混ぜ、ふんわりと固まったら取り出す。

3 同じフライパンにごま油大さじ1をたして中火にかけ、チャーシュウ、しいたけ、ご飯を順に加え、木べらでご飯のかたまりをほぐすようにして5分ほど炒める。ねぎ、②の卵を加え、全体をざっと混ぜて、塩、こしょうで味をととのえる。

[アレンジ2] チャーシュウ焼きそば

肉に火が通っているから、焼きそばもさらにスピーディに。
白菜の甘みが、こくのあるオイスターソースによく合います。

材料 2人分

フライパンチャーシュウ(P25 参照)…1 枚
中華蒸し麺…2 玉
白菜の葉…1 〜 2 枚(約 150g)
にんじん(小)…1/3 本(約 40g)
A
  │ オイスターソース、酒…各大さじ 1
  │ 塩、こしょう…各少々
ごま油…小さじ 1

作り方

1 チャーシュウは横に細切りにする。白菜は縦半分に切り、横に細切りにする。にんじんは幅5mmの斜め切りにして縦半分に切る。Aは混ぜ合わせる。

2 フライパンにごま油を中火で熱し、にんじん、チャーシュウ、中華蒸し麺を順に加えて3分ほど炒める。麺がほぐれたら、白菜を加えて1分ほど炒め合わせ、Aを加えて調味する。

1 人分 581kcal 塩分 2.6g

自家製ソーセージ

ラップに肉だねを包んでボイルする、簡単ソーセージ。
薄切り肉を刻んで使うから、肉のうまみをしっかり味わえます。

3本分 418kcal 塩分 2.0g

材料 12本分

豚肩ロース薄切り肉…600g
玉ねぎのみじん切り…30g
A
　牛乳…大さじ 4 ½
　片栗粉…大さじ 3
　にんにくのすりおろし…大さじ ½
　塩…小さじ 1
　粗びき黒こしょう、ナツメッグ
　　…各少々

作り方

1 豚肉はみじん切りにして、ボールに入れる。玉ねぎとAを加え、手でよく練り混ぜて12等分する。

2 ラップ（20×20cmが目安）を広げて、手前に肉だね1つを長さ10cmになるように横長に置く。ラップでくるくると巻き（a）、両端をしぼりながら肉だねの形を整える。巻き終わりを下にして、ラップの両端を下側に折る。残りも同様にする。

3 フライパンに②を並べ入れ、水をひたひたになるまで注ぎ、強火にかける。煮立ったらふたをして（b）弱めの中火にし、3分ほどゆで、上下を返して、さらに2〜3分ゆでる。取り出してさまし、ラップをはずして保存容器に入れ、冷蔵庫で保存する。

● そのまま食べるときは

フライパンにサラダ油少々を中火で熱して1人分（3本）を入れ、焼き色がつくまで、ころがしながら2〜3分焼く。トマト½個をへたを取って横に幅1cmの輪切りにし、いっしょに焼いて添える。

［アレンジ1］ ソーセージと玉ねぎの梅炒め

梅干しと青じその風味がさわやかな、和風の炒めもの。
玉ねぎはくし形に切ると、野菜1つでもボリューム満点。

材 料　2人分

自家製ソーセージ（P29参照）…6本
玉ねぎ（大）…1個（約250g）
青じその葉…4枚
合わせ調味料
　梅肉（塩分8〜10%）…1個分
　しょうゆ、みりん…各小さじ1
サラダ油…小さじ1

作 り 方

1 玉ねぎは縦半分に切り、さらに幅1.5cmのくし形に切る。青じそは軸を切り、粗いみじん切りにする。ソーセージは斜め半分に切る。合わせ調味料の材料を混ぜ合わせる。

2 フライパンにサラダ油を中火で熱して玉ねぎを入れ、しんなりとするまで1〜2分炒める。ソーセージを加えてさっと炒め、合わせ調味料を加えて調味し、火を止める。青じそを加えてさっと混ぜる。

1人分494kcal　塩分2.8g

［アレンジ2］ソーセージと夏野菜のチーズ焼き

具を耐熱皿に彩りよく並べ、
トースターでこんがりと焼いて。

材料 2人分

自家製ソーセージ(P29参照)…6本
とうもろこし…1本(約200g)
さやいんげん…7本(約50g)
ミニトマト…8個
A
| 塩、粗びき黒こしょう、
| にんにくのすりおろし…各少々
| オリーブオイル…小さじ1
粉チーズ…大さじ1〜2

作り方

1 とうもろこしは皮をむいてひげを取る。包丁で身をそぐように切り、細かくほぐす(正味約150g)。いんげんはへたを切り、長さ3cmに切る。ミニトマトはへたを取る。ソーセージは横に幅2cmに切る。オーブントースター(P5参照)を温めておく。

2 耐熱の器にとうもろこしといんげん、水大さじ2、Aを入れて混ぜる。ふんわりとラップをかけ、電子レンジで1分30秒加熱する。

3 ②にソーセージとミニトマトを加え、彩りよく盛る。粉チーズをふり、オーブントースターで焼き色がつくまで10分ほど焼く。

1人分538kcal 塩分2.4g

豚肉と焼きねぎのしょうゆ煮

煮汁に酢を加えることでこくが深まり、すっきりとした味わいに。
肉もしっとり仕上がります。

冷蔵で
3〜4日
保存可

調理時間
100分

1人分508kcal 塩分2.0g

そのまま食べるときは

豚肉は2人分(½量)を食べやすく切る。耐熱
の器に焼きねぎ適宜とともにのせ、ラップを
ふんわりとかけて電子レンジで1分ほど加熱
し、かるく温める。器に盛り、好みで練り辛
子適宜を添える。

材料 2人分×2回分

豚肩ロースかたまり肉(約350gのもの)
　…2個
しょうがの薄切り…4〜5枚
ねぎの青い部分…1本分
ねぎの白い部分…1½本分
酒、しょうゆ、みりん…各⅓カップ
酢…大さじ1

作り方

1 ねぎの白い部分は、両面に浅く斜めの切り込みを細かく入れ、長さ4cmに切る。フライパンを強火で熱して豚肉を入れ、全体を焼きつけて取り出す。フライパンを拭いてねぎの白い部分を入れ、中火で両面をこんがりと焼く。

2 厚手の鍋に水4カップ、酒、酢、しょうが、ねぎの青い部分、①の豚肉を入れて強火にかける。沸騰したらアクを取り除き、ふたを少しずらしてのせ、弱めの中火で50分ほど煮る。

3 しょうゆ、みりんを加え、再びふたを少しずらしてのせ、さらに30分ほど煮る。①のねぎを加え、3分ほど煮たら火を止める。ねぎの青い部分を取り除き、さめたら保存容器に汁ごと入れ、冷蔵庫で保存する*。

*アレンジおかず(下記参照)で煮汁を使ったあとは、残りの肉とねぎは表面が乾かないよう、保存袋に入れる。

[アレンジ]

煮豚と水菜の鍋仕立て

ストックの煮汁を鍋つゆに。
野菜たっぷりの一品にアレンジ。

材料 2人分

しょうゆ煮(上記参照)の豚肉と焼きねぎ、
　しょうが…各½量
しょうゆ煮の煮汁…2カップ*
水菜…½わ(約100g)
えのきだけ…1袋(約100g)

*たりない場合は水をたして2カップにし、味をみて薄い場合は塩で調味する。

作り方

1 水菜は長さ4〜5cmに切る。えのきは根元を切る。豚肉は横に幅1cmに切る。

2 鍋に煮汁を入れて中火にかけ、煮立ったら①と焼きねぎ、しょうがを加え、さっと煮る。

1人分554kcal 塩分3.0g

鶏もも肉のみそ焼き

肉を下味に漬けておき、あとは魚焼きグリルで
焼くだけでOK。みそやみりんの効果でしっとり仕上がるから
さめてもおいしい。

冷蔵で
3〜4日
保存可

調理時間
20分

鶏肉を下味に
漬ける時間は
除く。

1人分427kcal　塩分1.4g

材料 2人分×2回分

鶏もも肉(小)…4枚(約800g)

A

　みそ…80g

　酒、みりん、しょうゆ、しょうが汁

　　…各大さじ1

a

作り方

1　鶏肉は余分な脂肪を取り除き、保存袋にAとともに入れてもみ込み、冷蔵庫で30分〜一晩置く(a)。

2　魚焼きグリル(両面焼き)*を中火で2分ほど予熱する。①を皮目を下にして並べ、皮目にこんがりと焼き色がつくまで弱めの中火で5〜6分焼く。さめたら保存容器に入れ、冷蔵庫で保存する。

＊片面焼きの場合、鶏肉を皮目を上にして並べ、弱めの中火で5〜6分焼いたら裏返し、さらに5〜6分焼く。

そのまま食べるときは

1人分(1枚)を7〜8等分に切って耐熱皿にのせ、ラップをふんわりとかけて電子レンジで40秒ほど加熱する。器に盛り、青じその葉のせん切り2枚分を添える。温めず、冷たいままで食べてもよい。

[アレンジ1] みそ鶏の簡単肉豆腐

キャベツと豆腐を合わせて、さっと煮るだけで完成！
鶏肉にしみたみそが煮汁に溶け出して、煮込んだような味わいに。

材料 2人分

鶏もも肉のみそ焼き(P35 参照)…2 枚
木綿豆腐…1 丁(約 300g)
キャベツの葉(大)…3 〜 4 枚(約 250g)
煮汁
    だし汁…1 カップ
    しょうゆ、みりん…各小さじ 2

作り方

1 豆腐は縦半分に切ってから、横4等分に切る。キャベツと鶏肉はそれぞれ一口大に切る。

2 鍋に煮汁の材料を中火で煮立て、①を加えてふたをし、弱めの中火で 5 分ほど煮る。

1人分 585kcal 塩分 2.6g

[アレンジ2] みそ鶏とオクラの
さっぱりあえ

主菜・鶏肉

さっとゆでたオクラとねぎを加え、酢などをからめて、ぬた風に。
辛子でアクセントをきかせた、おつまみにも向く一品です。

材料　2人分

鶏もも肉のみそ焼き(P35 参照)…1 ½枚
オクラ…6 本(約 60g)
ねぎの白い部分…2 本分
A
 ┃ 酢、砂糖…各大さじ 1
 ┃ しょうゆ…小さじ 1
 ┃ 練り辛子…小さじ 1

作り方

1 オクラはへたを落とし、がくのまわりを薄くむく。ねぎは長さ 3cmに切る。鶏肉は一口大に切る。

2 鍋に湯を沸かし、オクラとねぎを 40 秒ほど中火でゆでる。オクラは水にとり、水けを拭いて斜め半分に切る。ねぎはざるに上げて、水けをきる。

3 ボールに A を混ぜ合わせ、鶏肉と②を加えてよくあえる。

1 人分 383kcal　塩分 1.7g

37

鶏肉のだしびたし

煮る時間はわずか数分！
うずらの卵もいっしょに漬けて、手軽な味たまに。

材料　2人分×2回分

鶏もも肉(小)…4枚(約880g)
うずらの卵の水煮…16〜24個
煮汁
　だし汁…4カップ
　薄口しょうゆ、みりん…各大さじ3
　しょうがのすりおろし…大さじ1
　塩…小さじ⅓〜½

1人分 537kcal　塩分 1.6g

作り方

1　鶏肉は余分な脂肪を取り除き、室温に15〜20分置く。

2　厚手の鍋に煮汁の材料を入れて強火にかけ、煮立ったら鶏肉を入れる。

3　再度ふつふつとしてきたらうずらの卵を加え、火を止めてふたをする。そのままさまして肉に火を通し、保存容器に汁ごと入れて冷蔵庫で保存する。

そのまま食べるときは

鶏肉2人分(2枚)を食べやすく切る。器に青じその葉2枚を敷き、鶏肉、うずらの卵8〜12個をのせる。

[アレンジ] 鶏肉のタルタル

うずらの卵がタルタルソースに！　片栗粉はしっかりまぶすのがコツ。

材料　作りやすい分量

鶏肉のだしびたし(左記参照)…½量
しば漬けの粗いみじん切り…30g
マヨネーズ…大さじ3
きゅうりの細切り…1本分
レモンのくし形切り…2切れ
片栗粉…大さじ3〜4
揚げ油…適宜

⅓量で495kcal　塩分1.7g

作り方

1 ボールにうずらの卵を入れてフォークで粗くつぶし、しば漬け、マヨネーズを加えて混ぜ、タルタルを作る。鶏肉は汁けを拭き、一口大に切って片栗粉をまぶす。

2 フライパンに高さ2cmの揚げ油を入れ、中火で低めの中温(170℃・P5参照)に熱する。鶏肉を入れ、ときどき返しながら2〜3分揚げる。器にきゅうりを広げ、鶏肉をのせる。タルタルをかけ、レモンを添える。

3色チキンロールのレンジ蒸し

彩りがきれいな野菜の鶏肉巻き。レンジで蒸すから手軽に作れます。
½量は棒状で保存しておいしさをキープ。

1人分 277kcal　塩分 0.4g

材料　2人分×2回分

鶏胸肉…4枚（1枚あたり180〜200g）
パプリカ（赤・黄）…各¼個（各約40g）
さやいんげん…16本
小麦粉…小さじ2
塩、こしょう…各少々

作り方

1 パプリカはへたと種を取り除き、縦に細切りにする。いんげんはへたを切り、熱湯に入れて中火で1分ほどゆで、ざるに上げてさます。

2 鶏肉は身を上にして縦長に置き、中央から左右に包丁を寝かせて入れ、厚みを均一に開く。両面に塩、こしょうをふり、身側に小麦粉をふる。鶏肉1枚を皮目を下にして横長に置き、手前に①の¼量をのせ、手前からぎゅっと巻く（a）。ラップ（30×40cmが目安）を広げて肉を手前に置き、ラップをきつめにくるくると巻いて包む。ラップの両端をぎゅっとひねって閉じ、巻き終わりを下にして、ラップの両端を折る。残りも同様にする。

3 耐熱皿に②をラップの巻き終わりを下にしてのせ、電子レンジで5分加熱し、裏返してさらに5分加熱する（b）。そのままおいてさまし、ラップをはずす。2本は5〜6等分の輪切りにし、2本はそのまま＊保存容器に入れ、冷蔵庫で保存する。

＊そのまま保存したものは、食べるときに5〜6等分の輪切りにする。

● そのまま食べるときは

輪切りにした鶏肉2人分（2本分）を耐熱皿にのせ、ふんわりとラップをかけて電子レンジで2分〜2分30秒加熱する。好みでトマトケチャップ適宜を添えても。

［アレンジ1］ ３色チキンロールの薬味がけ

香味野菜やザーサイを合わせた薬味だれをたっぷりとかけて、
冷製のおかずにアレンジ。火を使わないから作るのもラクラク。

材料　2人分

３色チキンロールのレンジ蒸しの
　　輪切り(P41参照)…2本分
ゆで卵…2個
薬味だれ
　│ 青じその葉…4枚
　│ みょうが…1個
　│ ザーサイ(びん詰)…20g
　│ オイスターソース、酢、しょうゆ
　│ 　…各大さじ½
　│ ごま油…小さじ1

1人分 386kcal　塩分 2.5g

作り方

ゆで卵は縦に4等分に切る。青じそは軸を切り、みょうが、ザーサイとともに粗いみじん切りにし、薬味だれの残りの材料と混ぜ合わせる。器にチキンロールとゆで卵を盛り、薬味だれをかける。

3色チキンロールの卵とじ

チキンロールを卵でとじて、親子丼風の煮ものに。
香りの強いにらを加え、ご飯のすすむ味に仕立てます。

材料 2人分

3色チキンロールのレンジ蒸しの
　輪切り(P41参照)…2本分
卵…2個
にら…½束(約50g)
めんつゆ(3倍濃縮)…大さじ1½

作り方

1　にらは長さ2～3cmに切る。卵は溶
　きほぐす。

2　鍋に水½カップとめんつゆを入れ
　て中火にかけ、煮立ってきたらチキ
　ンロールを加える。再び煮立ったら
　裏返し、にらを加えて1分ほど煮
　る。溶き卵を回し入れてふたをし、
　半熟状に火を通す。

1人分370kcal　塩分1.8g

鶏スペアリブのケチャップ煮

風味抜群のケチャップだれが、あとを引くおいしさ。
香ばしく焼きつけて、うまみを閉じこめます。

冷蔵で
3〜4日
保存可

調理時間
30分

鶏肉を下味に
漬ける時間は
除く。

1人分 249kcal　塩分 1.8g

材料　2人分×2回分

鶏スペアリブ…28本(約600g)

A

　トマトケチャップ…大さじ3

　ウスターソース、はちみつ
　　…各大さじ1

　にんにくのすりおろし、
　　しょうがのすりおろし、塩
　　…各小さじ½

　こしょう…少々

塩…少々

サラダ油…小さじ1

a

作 り 方

1　鶏スペアリブは保存袋にAととも
　に入れてもみ込み、冷蔵庫に30分
　〜一晩置く。

2　フライパンにサラダ油を中火で熱
　し、①を汁けをきって並べ、とき
　どき返しながら両面に焼き色をつ
　ける(a)。

3　水1カップを加え、煮立ったらアク
　を取って弱火にし、ときどき混
　ぜながら、10分ほど煮る。中火に
　し、汁けがほぼなくなるまで煮か
　らめ、塩で味をととのえる。さめ
　たら保存容器に入れ、冷蔵庫で保
　存する。

■ そのまま食べるときは

2人分(14本)を耐熱の器に入れ、ふんわりと
ラップをかけて電子レンジで1分20秒〜1分
40秒加熱する。器に盛り、好みの葉野菜(ベ
ビーリーフなど)適宜を添える。

[アレンジ 1] ブロッコリーと鶏スペアリブのケチャップ蒸し

スペアリブにしみたソースを活用するから調味不要。
ボリュームおかずがすぐできます。野菜はキャベツやにんじんでも。

材料　2人分

鶏スペアリブのケチャップ煮(P45 参照)
　…½量
ブロッコリー…1 株(約300g)

作り方

1 ブロッコリーは小房に分け、大きいものはさらに縦半分に切る。茎は皮を厚めにむいて一口大の乱切りにする。

2 フライパンにスペアリブ、ブロッコリー、水大さじ 3 〜 4 を入れて中火にかける。煮立ったらふたをして 5 分ほど蒸し、全体を大きく混ぜて火を止める。

1 人分 291kcal　塩分 1.9g

[アレンジ 2] フライド鶏スペアリブ

小麦粉と片栗粉を合わせると、さくっと軽いころもになります。

材料 2人分

鶏スペアリブのケチャップ煮(P45 参照)
　…½量
さつまいも…½本(約 150g)
ころも
｜小麦粉、片栗粉、水…各大さじ 1 ½
塩…少々
レモンのくし形切り…適宜
揚げ油…適宜

作り方

1 さつまいもは皮つきのままよく洗い、水けを拭いて、幅 5mmの細切りにする。ボールにころもの材料を入れ、さっくりと混ぜ合わせる。

2 フライパンに高さ 2cmの揚げ油を入れて低めの中温(170℃・P5 参照)に熱し、さつまいもを入れる。カリッとするまで 4 〜 5 分揚げて取り出し、油をきって塩をふる。

3 ①のころものボールにスペアリブを加えてよくからめ、1 本ずつ中温の揚げ油に入れる。きつね色になるまで 4 〜 5 分揚げて取り出し、油をきる。②とともに器に盛り、レモンを添える。

1人分 476kcal 塩分 2.0g

ささ身の鶏ハム風

ほったらかしで OK の鶏ハムを、ささ身を使ってさらに時短に！
ローリエや粒こしょうを加えると、風味も保存性もアップします。

冷蔵で
3〜4日
保存可

調理時間
10分

肉に塩をもみ
込んでおく時
間、余熱で火
を通す時間は
除く。

1 人分 118kcal　塩分 0.7g

材料　2人分×2回分

鶏ささ身(小)…12 本(約 450g)
塩…小さじ 2 弱(約 9g)
黒粒こしょう…小さじ 1
ローリエ…1 枚

作り方

1　ささ身は筋があれば取り除き、塩をもみ込んで 20 分ほどおく。

2　厚手の鍋に水 3 カップ、粒こしょう、ローリエを入れて強火にかけ、煮立ったら①を入れる。ふたをして 10 秒ほどしたら火を止め、そのままさまして火を通す。保存容器に汁ごと入れ、冷蔵庫で保存する*。

*アレンジおかず(右記参照)でゆで汁を使ったあとは、残りの肉は表面が乾かないよう、保存袋に入れる。

そのまま食べるときは

手で食べやすく裂き、器にルッコラ適宜とともに盛る。マヨネーズ大さじ 3 と粒マスタード大さじ 1 を混ぜ合わせたものを添える。

[アレンジ] 鶏ハムとブロッコリーのパスタスープ

ペンネを加えて軽食に。
うまみたっぷりのゆで汁を活用します。

材料 2人分

ささ身の鶏ハム風(左記参照)…3 本
鶏ハム風のゆで汁…1 ½ カップ
ブロッコリー…⅙株(約 40g)
ペンネ…30g
玉ねぎの粗いみじん切り…¼ 個分
バター…大さじ 1 弱(約 10g)
にんにくのみじん切り…小さじ ½
粗びき黒こしょう…少々

作り方

1 ブロッコリーは小房に分け、大きいものは縦に 2 〜 3 等分に切る。ささ身は横に幅 1.5cm に切る。

2 鍋にバター、にんにくを入れて中火で熱し、香りが立ったら玉ねぎを加えて炒める。しんなりしたらゆで汁、水 1 カップを加え、煮立ったらアクを取る。

3 ペンネを加え、ふたをずらしてのせ、袋の表示どおりに煮る。ブロッコリーを加えて 1 分ほど煮たら、ささ身を加えて火を止める。器に盛り、粗びき黒こしょうをふる。

1人分 170kcal 塩分 2.1g

鶏肉のしょうが焼き

 冷蔵で 3〜4日 保存可

 調理時間 25分

しょうが風味の甘辛味は、幅広い世代に好評。
鶏肉は一口大に切ると、すぐ食べられて◎。

材料 2人分×2回分

鶏もも肉(小)…4枚(約800g)
下味
| しょうがのすりおろし
| …3かけ分(約30g)
| 塩…小さじ½
たれ
| 酒、みりん…各大さじ3
| しょうゆ…大さじ2〜2½
サラダ油…小さじ1

1人分471kcal 塩分2.4g

作り方

1 鶏肉は余分な脂肪を取り除き、一口大に切って下味の材料をもみ込む。たれの材料を混ぜ合わせる。

2 フライパンにサラダ油を中火で熱し、①の鶏肉を皮目を下にして並べ入れる。火をやや弱め、こんがりと焼き色がつくまで5分ほど焼き、裏返して2分ほど焼く。

3 たれを回し入れ、2分ほど混ぜながら肉にからめる。肉をいったん取り出し、たれにとろみがつくまで3〜4分煮つめる。肉を戻し入れ、たれを全体によくからめ、火を止める。さめたら保存容器に入れ、冷蔵庫で保存する。

そのまま食べるときは

2人分(½量)を耐熱皿にのせ、ラップをふんわりとかけて電子レンジで40秒〜1分加熱する。器に盛り、好みのゆで野菜(スナップえんどうなど)適宜を添える。

[アレンジ]

鶏肉とキャベツのしょうが風味炒め

野菜と炒めてボリュームアップ。野菜は玉ねぎやピーマンでも OK。

材料 2人分

鶏肉のしょうが焼き(左記参照)…½量
キャベツの葉(大)…5枚(約350g)
黄パプリカ…1個(約140g)
塩…少々
サラダ油…小さじ1

1人分 544kcal 塩分 2.7g

作り方

1 キャベツはしんをV字に切り、一口大に切る。パプリカは縦半分に切ってへたと種を取り除き、一口大に切る。

2 フライパンにサラダ油を中火で熱し、鶏肉、パプリカ、キャベツを順に加え、そのつど1〜2分炒める。水大さじ2をふり入れてさっと混ぜ、塩で味をととのえる。

牛肉の赤ワイン煮

冷蔵で
4〜5日
保存可

調理時間
80分

手ごろなカレー用肉を赤ワインでじっくり煮込んで。
時間がおいしくしてくれる煮込みはまとめて作りおきするのが正解。

1人分 468kcal　塩分 3.0g

材料 2人分×2回分

牛角切り肉（カレー用）…600g

下味
  にんにくのすりおろし…小さじ1
  塩、こしょう…各少々
  小麦粉…大さじ2

玉ねぎ（大）…1個（約300g）

まいたけ…2パック（約200g）

小麦粉…大さじ2

赤ワイン…2カップ

A
  トマトケチャップ、ウスターソース
    …各大さじ2
  砂糖…小さじ2
  洋風スープの素（顆粒）…小さじ1
  塩…小さじ¾〜1
  こしょう…少々

塩、こしょう…各少々

サラダ油…大さじ1

作り方

1 牛肉はボールに入れ、下味の材料を順に加えてもみ込む。玉ねぎは縦半分に切り、縦に薄切りにする。まいたけは食べやすい大きさにほぐす。

2 厚手の鍋にサラダ油を中火で熱し、玉ねぎを入れて7〜8分炒める。玉ねぎがきつね色になったら牛肉を加え、炒め合わせる。肉の色が変わったら小麦粉をふり入れ、全体にまぶすように混ぜながら炒める。

3 小麦粉がなじんだら、赤ワイン、水3カップを加える（a）。煮立ったらアクを取り、Aを加える。ふたをずらしてのせ、ときどき底から混ぜながら弱火で50分ほど煮る。まいたけを加え（b）、さらに5分ほど煮て、塩、こしょうで味をととのえる。さめたら保存容器に入れ、冷蔵庫で保存する。

▥ そのまま食べるときは

耐熱の器に牛肉の赤ワイン煮1人分（¼量）を入れ、ふんわりとラップをかけて電子レンジで1分ほど加熱する。好みでバゲット適宜を添えていただく。

[アレンジ1] 牛肉の赤ワイン煮スパゲティ

ゆでたスパゲティとあえるだけで、本格パスタの完成！
にんにくをさらに加えて香り高く仕上げます。

材料 2人分

牛肉の赤ワイン煮（P53 参照）…½量
スパゲティ（1.7㎜）…200g
塩…大さじ1
A
　│ オリーブオイル…小さじ2
　│ にんにくのすりおろし…小さじ¼
好みで粉チーズ、イタリアンパセリ
　…各適宜

1人分 887kcal　塩分 4.0g

作り方

1　湯2ℓを沸かして塩を入れ、スパゲティを袋の表示どおりにゆでる。牛肉の赤ワイン煮は耐熱の器に入れ、ふんわりとラップをかけて電子レンジで1分ほど加熱して温める。

2　湯をよくきったスパゲティをボールに入れ、熱いうちにAを加えてあえ、牛肉の赤ワイン煮も加えて混ぜ合わせる。器に盛り、好みで粉チーズをふり、イタリアンパセリをのせる。

[アレンジ2] 牛肉の赤ワイン煮

パングラタン

パンの器に赤ワイン煮を詰めて、とろけるチーズをたっぷりと。
カフェ風のビジュアルにきっと心が躍るはず。

材料 2人分

牛肉の赤ワイン煮(P53 参照)…⅙〜¼量
ハード系の丸パン…2 個(約 200g)
ピザ用チーズ…20g

作り方

1 パンは上部を横に切り、周囲を 1cm ほど残して中身を手でちぎって取り出す。パンの上部はとっておく。

2 ボールに牛肉の赤ワイン煮、一口大にちぎったパンを入れて混ぜ、パンの器に詰めてチーズを散らす。

3 ①で切った上部といっしょに天板にのせ、オーブントースター (P5 参照)で 15 分ほど焼く。途中焦げそうになったらアルミホイルをかぶせる。

1 人分 472kcal 塩分 2.7g

牛こま肉のピリ辛炒め

冷蔵で 3〜4日 保存可 調理時間 20分

香味野菜と赤唐辛子でパンチをきかせます。
トマトはなるべくつぶさないように混ぜて。

1人分 414kcal 塩分 1.6g

● そのまま食べるときは

2人分（½量）を耐熱皿にのせ、ラップをふん
わりとかけて電子レンジで1〜2分加熱し、
かるく温める。器に盛り、好みのレタス（サニ
ーレタスなど）適宜を添える。

材料　2人分×2回分

牛こま切れ肉…500g
トマト…2個
みょうが…3個
下味
　酒…大さじ3
　塩…小さじ¼
　こしょう…少々
にんにくのみじん切り、しょうがの
　みじん切り…各小さじ1
赤唐辛子の小口切り…2本分
オイスターソース、しょうゆ、砂糖
　…各大さじ1
粗びき黒こしょう…少々
ごま油…小さじ1

作り方

1　牛肉は大きければ一口大に切り、下味の材料をもみ込む。トマトはへたを取り、1〜1.5cm角に切る。みょうがは縦半分に切り、斜め薄切りにする。

2　フライパンにごま油、赤唐辛子、にんにく、しょうがを入れて中火にかけ、香りが立ったら牛肉を加えて炒める。

3　肉の色が変わったらオイスターソース、しょうゆ、砂糖、粗びき黒こしょうを加えて全体にからめ、トマトを加えてひと混ぜし、火を止める。粗熱が取れたらみょうがを加え、さっと混ぜ合わせる。さめたら保存容器に入れて冷蔵庫で保存する。

[アレンジ]

牛とろろ茶漬け

**食欲のない日も
さらっと食べられる一品。**

材料　2人分

牛こま肉のピリ辛炒め（上記参照）…½量
長いも…100g
温かいご飯…240g
だし汁（冷温どちらでも）、刻みのり…各適宜

作り方

1　長いもはピーラーで皮をむき、すりおろす。牛肉は耐熱の器に入れ、ラップをふんわりとかけて電子レンジで1〜2分加熱する。

2　器にご飯を盛り、牛肉、長いもをのせる。だし汁を注ぎ、のりをのせる。

1人分 648kcal　塩分 1.7g

牛こまとたたきしょうがのしぐれ煮

しょうがをたっぷりと使い、昆布といっしょに牛肉をいり煮にします。
酢の効果ですっきりとした後味に。

昆布をもどす
時間は除く。

冷蔵で
3〜4日
保存可

調理時間
20分

1人分 499kcal　塩分 2.5g

材料　2人分×2回分

牛こま切れ肉…600g

しょうが…3かけ（約30g）

昆布（5×10cm）…2枚

A

| 酒、みりん…各大さじ6
| しょうゆ…大さじ3½〜4
| 砂糖、酢…各大さじ1

作り方

1 昆布は水1カップに15分ほどつけてもどし、細切りにする（もどした水はとっておく）。しょうがは皮をむいて、ポリ袋に入れる。袋の口を閉じてまな板にのせ、めん棒などでたたいてつぶし（a）、さらに手で細かくほぐす。牛肉は大きければ食べやすく切る。

2 鍋に昆布、昆布をもどした水、しょうがを入れて中火にかける。煮立ったらふたをして、弱火で10分ほど煮る。

3 Aを加えて煮立て、牛肉をほぐしながら加える（b）。強火にして、アクが出たら取り、汁けがなくなるまで煮つめる。さめたら保存容器に入れ、冷蔵庫で保存する。

そのまま食べるときは

耐熱の器に1人分（¼量）を入れ、ふんわりとラップをかけて、電子レンジで1〜2分加熱し、温かいご飯約150gにのせる。市販の温泉卵1個をのせ、好みで七味唐辛子適宜をふる。

［アレンジ1］ しぐれ煮の野菜炒め

甘みを抑えたしぐれ煮は、野菜炒めにアレンジしても美味。
調味料いらずで、野菜がベチャッとする心配もありません。

材料　2人分

牛こまとたたきしょうがの
　しぐれ煮(P59 参照)…½量
小松菜…1 わ（約 200g）
にんじん（小）…½本（約 60g）
玉ねぎ…½個
ごま油…小さじ 1

作り方

1　小松菜は根元を切って長さ 4cmに切る。にんじんは皮をむき、長さ 3cmの細切りにする。玉ねぎは幅 1.5cmのくし形に切る。

2　フライパンにごま油を中火で熱し、にんじん、玉ねぎを加えて、しんなりとするまで1分ほど炒める。しぐれ煮を加えてさっと炒め合わせ、小松菜を加えてかるく炒める。

1 人分 559kcal　塩分 2.5g

[アレンジ2] しぐれ煮の ふろふき大根風

棒状に切った大根と煮て、ボリュームたっぷりの煮ものにアレンジ。
大根に肉のうまみがしみて、ほっとする味わいに。

材料 2人分

牛こまとたたきしょうがの
　しぐれ煮(P59 参照)…½量
大根…¼本(約350g)
だし汁…1½カップ
万能ねぎの小口切り…少々

作り方

大根は皮をむき、長さ 5cmの太めの棒状に切る。鍋にだし汁、大根を入れて強火にかけ、煮立ったら弱めの中火にし、ふたをして 10 分ほど煮る。しぐれ煮を加え、5 分ほど煮て火を止める。器に盛り、万能ねぎを散らす。

1人分531kcal　塩分2.6g

鶏きのこバーグ

冷蔵で
3〜4日
保存可

調理時間
15分

肉だねにエリンギを加えて、ふんわり感アップ。
くせのない鶏ひき肉だから、アレンジも自在。

1人分383kcal　塩分1.6g

材料 2人分 × 2回分

肉だね

　鶏ひき肉(もも)…600g

　溶き卵…2個分

　パン粉…大さじ4

　塩…小さじ¾〜1

　こしょう…少々

　エリンギの粗いみじん切り

　　…1パック分(約100g)

　玉ねぎの粗いみじん切り

　　…½個分(約100g)

サラダ油…適宜

作り方

1　ボールにエリンギと玉ねぎ以外の肉だねの材料を入れてよく練り混ぜる。粘りが出てきたら、玉ねぎとエリンギを加え(a)、全体がなじむまでよく混ぜる。

2　手にサラダ油を薄く塗り、①を12等分して小判形に丸める。

3　フライパンにサラダ油大さじ½を中火で熱し、②を並べ入れて焼く。こんがりと焼き色がついたら裏返し(b)、ふたをして弱めの中火で4分ほど焼く。さめたら保存容器に入れ、冷蔵庫で保存する。

そのまま食べるときは

1人分(3個)を耐熱皿にのせ、ふんわりとラップをかけて電子レンジで1分30秒ほど加熱する。器に盛り、好みのレタスと中濃ソース各適宜を添える。

[アレンジ1] 鶏きのこバーグの もやしあんかけ

火の通りが早いもやしと貝割れ菜で、ボリュームのある和風の煮ものに
アレンジ。煮汁にとろみをつけると肉と野菜に一体感が出ます。

材料 2人分

鶏きのこバーグ(P63参照)…6個
もやし…1袋(約200g)
貝割れ菜…½パック(約25g)
煮汁
│ だし汁…¾カップ
│ しょうゆ、みりん…各大さじ1
│ 塩…少々
水溶き片栗粉
│ 片栗粉…大さじ½
│ 水…大さじ1

1人分438kcal 塩分3.0g

作り方

1 もやしはできればひげ根を取る。貝割れ菜は根元を落とす。水溶き片栗粉の材料を混ぜる。

2 鍋に煮汁の材料を中火で煮立て、鶏きのこバーグ、もやしを入れる。煮立ってきたら全体を混ぜながら、もやしがしんなりするまで1分ほど煮る。水溶き片栗粉をもう一度混ぜてから回し入れ、混ぜながらとろみをつける。貝割れ菜を加え、さっと混ぜ合わせる。

[アレンジ 2] **鶏きのこバーグのトマト煮**

生のトマトを使ったさわやかなトマト煮。煮汁作りから仕上げまで、
電子レンジひとつでできるから、片づけもラクラク。

材料　2人分

鶏きのこバーグ(P63参照)…6個
トマト…1個(約130g)
煮汁
|　バター…大さじ1弱(約10g)
|　しょうゆ…大さじ½
|　トマトケチャップ…大さじ1〜1½
|　にんにくのすりおろし…小さじ¼
粗びき黒こしょう…少々
あればイタリアンパセリ…適宜

作り方

1　トマトはへたを取って1cm角に切り、耐熱のボールに入れる。煮汁の材料を加えてふんわりとラップをかけ、電子レンジで2分加熱する。

2　全体をよく混ぜて鶏きのこバーグを加え、再びラップをかけてさらに2分加熱する。器に盛って粗びき黒こしょうをふり、あればイタリアンパセリを添える。

1人分 445kcal　塩分 2.5g

ゆず風味の鶏そぼろ

ひき肉は水にほぐしてからゆでると、
驚きのしっとり＆ふわふわ食感に！
ピリッとしたゆずこしょうがアクセント。

1人分 342kcal　塩分 1.3g

材料　2人分×2回分

鶏ひき肉…600g

A

　マヨネーズ…大さじ3

　ゆずこしょう…小さじ2～大さじ1

　しょうゆ…小さじ1

　ゆずの絞り汁、ゆずの皮のせん切り

　　…各少々

作り方

1 フライパンにひき肉を入れ、水3カップを少しずつ加えながら菜箸でよくほぐす。中火にかけ、煮立ったらアクを取り(a)、ひと混ぜする。ひき肉の色が変わったら、ざるに上げて粗熱を取る。

2 ボールにAと①を入れて(b)よく混ぜ合わせ、保存容器に入れて冷蔵庫で保存する。

そのまま食べるときは

耐熱の器にそぼろ1人分(大さじ3～4)を入れ、ふんわりとラップをかけて電子レンジで1分ほど加熱する。温かいご飯茶碗1杯分(約150g)にのせる。

［アレンジ 1］ 鶏そぼろのあえうどん

冷凍うどんをレンチンして、具をのせるだけ。
温泉卵とそぼろをよ～く混ぜてめしあがれ。

材料 2人分

ゆず風味の鶏そぼろ（P67 参照）…⅓量
冷凍うどん…2 玉
市販の温泉卵…2 個
貝割れ菜…½パック（約 25g）

作り方

1 貝割れ菜は根元を落とす。そぼろは耐熱の器に入れてラップをふんわりとかけ、電子レンジで1分ほど加熱して温める。

2 うどんを電子レンジで袋の表示どおりに加熱して器に盛り、そぼろ、温泉卵、貝割れ菜をのせる。

1人分 516kcal 塩分 1.7g

［アレンジ2］ 鶏そぼろのおろしそば

温かいかけそばを、大根おろしでさっぱりと。
そぼろからゆずの香りが立ち上り、体がじんわり温まります。

材料　2人分

ゆず風味の鶏そぼろ(P67 参照)…¼量
そば(乾麺)…200g
大根おろし(水けをきったもの)…60g
万能ねぎの小口切り…少々
めんつゆ(3倍濃縮)…½カップ

作り方

1 そばはたっぷりの熱湯で、袋の表示どおりにゆでる。ざるに上げて流水に当てながらさまし、水けをきる。そぼろは耐熱の器に入れ、ラップをふんわりとかけて、電子レンジで1分ほど加熱して温める。

2 別の鍋に水1¾カップ、めんつゆを入れて中火にかけ、ひと煮立ちしたら火を止める。器にそばを盛ってつゆをかけ、そぼろ、大根おろし、万能ねぎをのせる。

1人分514kcal　塩分4.7g

ふわふわ揚げだんご

玉ねぎの甘みと豚肉のうまみを堪能できる
シンプルな肉だんご。

材料　2人分×2回分

たね
- 豚ひき肉…500g
- 玉ねぎのみじん切り…½個分(約100g)
- 溶き卵…1個分
- 酒…大さじ2
- 片栗粉…大さじ1
- しょうゆ、しょうがのすりおろし
　…各大さじ½
- 塩…小さじ½

片栗粉、揚げ油…各適宜

1人分 381kcal　塩分 1.1g

作り方

1　ボールに玉ねぎ以外のたねの材料を入れ、よく練り混ぜる。白っぽくなったら玉ねぎを加え、全体になじむまで混ぜる。

2　たねを24等分にして丸め、表面に片栗粉を薄くまぶす。

3　フライパンに揚げ油を高さ2cmまで入れて中温(P5参照)に熱し、②の½量を入れる。ときどきころがしながら、全体がこんがりと色づくまで3〜4分揚げ、取り出して油をきる。残りも同様にして揚げる。さめたら保存容器に入れて冷蔵庫で保存する。

そのまま食べるときは

2人分(½量)を耐熱の器にのせ、ふんわりとラップをかけて電子レンジで1分ほど加熱して温める。器に盛り、好みのレタス(リーフレタスなど)、練り辛子各適宜を添える。

[アレンジ] # 肉だんごとかぶの甘酢炒め

火の通りが早い野菜を合わせ、ボリューム満点の総菜にアレンジ。

材料　2人分

ふわふわ揚げだんご(左記参照)…½量
かぶ…2個(約280g)
生しいたけ…4個(約80g)
甘酢だれ
 水…⅓カップ
 トマトケチャップ…大さじ2
 酢…大さじ1
 砂糖…大さじ½
 鶏ガラスープの素(顆粒)、しょうゆ
 　…各小さじ½
 片栗粉…小さじ1
ごま油…小さじ1

1人分 460kcal　塩分 2.1g

作り方

1 かぶは茎を3cmほど残して葉を切り落とし、皮をむいて6等分のくし形に切る。しいたけは軸を切り、幅1cmのそぎ切りにする。甘酢だれの材料を混ぜ合わせる。

2 フライパンにごま油を中火で熱し、かぶ、しいたけを入れて炒める。油がなじんだら揚げだんごを加え、1分ほど炒め合わせる。

3 甘酢だれをもう一度よく混ぜてから加え、とろみがつくまで混ぜながら1〜2分煮る。

コーンたっぷりミートソース

ひき肉はかたまりのまま焼きつけ、大きくほぐして存在感を出します。
5種の野菜がとれるのもポイント。

冷蔵で
3〜4日
保存可

調理時間
25分

1人分 448kcal　塩分 3.0g

材料　2人分×2回分

豚ひき肉…500g

とうもろこし…1本(約200g)

玉ねぎ(小)…1個(約150g)

にんじん…½本(80g)

ひよこ豆(ドライパック)…100g

にんにくのみじん切り…小さじ2

A

　カットトマト缶詰(400g入り)…1缶

　トマトケチャップ、ウスターソース

　　…各大さじ2

　砂糖…小さじ2

　塩…小さじ1

塩…少々

サラダ油…小さじ1

a　b

作り方

1　とうもろこしは皮をむいてひげを取る。包丁で身をそぐように切り(a)、細かくほぐす(正味約150g)。にんじんは皮をむき、玉ねぎとともにみじん切りにする。

2　フライパンにサラダ油とにんにくを入れて中火にかける。香りが立ったら①とひよこ豆を加え、2～3分炒める。野菜がしんなりしたら端に寄せ、あいたところにひき肉を加え、木べらでならして焼きつける。こんがりと焼き色がついたら、大きくほぐして裏返し、同様にこんがりと焼きつける。

3　Aを加えて(b)全体を大きく混ぜ、弱めの中火にして、ときどき混ぜながら10分ほど煮る。木べらでこすると底が見えるようになったらでき上がり。味をみて塩を加え、火を止める。さめたら保存容器に入れ、冷蔵庫で保存する。

そのまま食べるときは

耐熱の器にミートソース1人分(¼量)を入れ、ふんわりとラップをかけて電子レンジで1～2分加熱する。スパゲティ80gを袋の表示どおりにゆでたものにかけ、好みで粉チーズ適宜をふる。

[アレンジ1] # ミートソースの簡単タコライス

沖縄料理で人気のどんぶりもあっという間に完成！
具をコロコロに切ると食べやすく、見た目もにぎやかになります。

材料　2人分

コーンたっぷりミートソース(P73参照)
　…1/3量
温かいご飯…茶碗2杯分(約300g)
レタスの葉…2枚
トマト…1個
アボカド…1/2個
粗びき黒こしょう…少々

作り方

1　レタスは縦半分に切ってから、横に細切りにする。トマトはへたを取り、1〜1.5cm角に切る。アボカドは種を取って皮をむき、1〜1.5cm角に切る。ミートソースは耐熱の器に入れてラップをふんわりとかけ、電子レンジで2分ほど加熱して温める。

2　ご飯を器に盛り、レタス、ミートソース、トマト、アボカドの順にのせ、粗びき黒こしょうをふる。

1人分 637kcal　塩分 2.0g

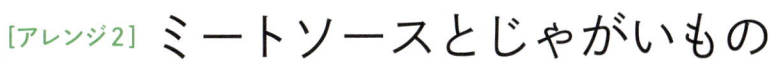

[アレンジ2] ミートソースとじゃがいもの ホットサラダ

ほくほくのポテト×甘酸っぱいミートソースは、子どもも大好き！
さっとゆでたじゃがいもに、ソースをよーくからめてどうぞ。

材料 2人分

コーンたっぷりミートソース（P73 参照）
　…¼〜⅓量
じゃがいも…2個（約300g）
パセリのみじん切り…少々

作り方

1 ミートソースは耐熱の器に入れ、ラップをふんわりとかけて電子レンジで1分30秒〜2分加熱する。じゃがいもは皮をむき、細切りにする。鍋に湯を沸かし、じゃがいもを入れて中火で30秒ほどゆでて、ざるに上げる。

2 じゃがいもをボールに入れ、熱いうちにミートソースを加えてよくあえる。器に盛り、パセリを散らす。

1人分327kcal　塩分1.5g

牛ごまそぼろ

みそベースの牛そぼろに、香ばしいすりごまをたっぷりと加えます。
豆板醤が味の引き締め役。

1人分 444kcal　塩分 2.9g

そのまま食べるときは

2人分（½量）を電子レンジでかるく温める。好
みのレタス（サニーレタスなど）適宜に、温か
いご飯、牛ごまそぼろ、根元を切った貝割れ
菜各適宜をのせ、手巻きにする。

牛ひき肉…400g
にんにくのみじん切り、
　　しょうがのみじん切り…各大さじ½
ねぎのみじん切り…50g
白すりごま…大さじ4
A
　酒、みりん…各大さじ4
　みそ…大さじ3
　砂糖、豆板醤…各大さじ1
　しょうゆ…小さじ1
ごま油…大さじ½

作 り 方

1　Aは混ぜ合わせる。フライパンにごま油、にんにく、しょうがを入れて中火にかけ、混ぜながら香りが立つまで炒める。

2　ひき肉を加えて炒め、肉の色が変わったらAを加える。汁けがなくなるまで7〜8分炒め、ねぎ、ごまを加えて炒め合わせ、火を止める。さめたら保存容器に入れて冷蔵庫で保存する。

主菜・ひき肉

[アレンジ]

もやしと豆苗の牛そぼろ炒め

そぼろがあれば、野菜炒めも味がピタッと決まって時短！

材 料　2人分

牛ごまそぼろ(上記参照)…½量
豆苗…1パック(360〜380g)
もやし…1袋(約200g)
サラダ油…小さじ1

作 り 方

1　豆苗は根元を切り落とし、長さを半分に切る。もやしはできればひげ根を取る。

2　フライパンにサラダ油を中火で熱し、①を入れてさっと炒める。全体がなじんだらそぼろを加え、手早く炒め合わせる。

1人分 491kcal　塩分 2.9g

鮭と長いもの南蛮漬け

おくほどに味がなじむ南蛮漬けは作りおきにぴったり。
揚げたら熱いうちにたれに漬けると、味がよくしみ込みます。

1人分 378kcal　塩分 2.6g

生鮭の切り身…5切れ（約450g）

長いも…350g

ねぎの白い部分…1本分（約80g）

A

　　塩…小さじ⅓

　　こしょう…少々

　　酒…大さじ½

南蛮だれ

　　酢…½カップ

　　しょうゆ、水…各¼カップ

　　砂糖…50g

　　しょうがのせん切り…1かけ分

　　赤唐辛子の小口切り…1本分

　　塩…小さじ⅕

小麦粉、揚げ油…各適宜

a 　　b

1 長いもは皮つきのままよく洗って水けを拭き、縦半分に切って、横に幅1.5cmに切る（ひげ根が気になる場合は、やけどに注意しながらじか火にかざして焼くとよい）。ねぎは斜め薄切りにする。鮭は水けを拭き、一口大に切ってAをもみ込み、小麦粉を薄くまぶす。

2 口径20cmの耐熱のボールに南蛮だれの材料を合わせ、ラップをかけずに電子レンジで2分加熱する。熱いうちによく混ぜて砂糖を溶かし、ねぎを加える。

3 フライパンに高さ2cmの揚げ油を入れ、中火で低めの中温（170℃・P5参照）に熱する。鮭と長いもを½量ずつ入れ、ときどき返しながら2〜3分揚げる(a)。取り出して油をきり、熱いうちに②のボールに加える(b)。残りも同様にする。さめたら保存容器に入れ、冷蔵庫で保存する。

主菜・魚

◉ そのまま食べるときは

2人分（½量）を器に盛っていただく。好みでかるく温めてもよい。耐熱の器に入れ、ラップをふんわりとかけて電子レンジで30秒ほど加熱して。

［アレンジ1］ 鮭南蛮のキャベツあえ

おかずサラダ感覚でいただける一品。
レンチンしたキャベツに、南蛮だれがよくなじみます。

材料 2人分

鮭と長いもの南蛮漬け(P79参照) …½量
キャベツの葉(大) …4～5枚(約320g)

作り方

1 キャベツは食べやすい長さの細切りにする。耐熱の器に入れ、ラップをふんわりとかけて電子レンジで4分ほど加熱する。ラップをはずして粗熱を取り、水けをかるく絞る。

2 ボールに南蛮漬けを入れて①を加え、大きく混ぜてあえる。

1人分415kcal 塩分2.6g

[アレンジ2] 鮭と白菜の南蛮炒め

甘酸っぱい香りが食欲をそそる、白菜たっぷりの炒めもの。
南蛮だれのおかげで味がピタッと決まります。

材料　2人分

鮭と長いもの南蛮漬け(P79参照) …1/2量
白菜…1/4株(約600g)
塩…少々
ごま油…小さじ1

作り方

1　白菜はしんと葉に切り分け、それぞれ一口大に切る。

2　フライパンにごま油を中火で熱し、白菜のしんを入れて3分ほど炒める。しんなりとしたら南蛮漬け、白菜の葉を加えてさっと炒め合わせ、味をみて塩でととのえる。

主菜・魚

1人分436kcal　塩分2.7g

春　夏

part 2 副菜

秋

冬

あと一品欲しいというときに、

あると助かる常備菜。

四季折々の旬の野菜料理を中心に、

ヘルシーな副菜レシピをご紹介します。

アレンジおかずに

展開できるメニューも満載！

春 の 副 菜

冷蔵で
4〜5日
保存可

調理時間
10分

1人分 65kcal　塩分 0.8g

春野菜の辣白菜風
<small>ラー　パー　ツァイ</small>

白菜でおなじみの中華風の漬けものを彩りのよい春野菜で。
あつあつの漬け汁をジュッとかけてなじませます。

材料　2人分 × 2回分

にんじん(大)…1本(約200g)
セロリの茎…1本分(約120g)
黄パプリカ…1個(約140g)
漬け汁
　しょうがのせん切り…10g
　酢…大さじ2
　ごま油…大さじ1
　砂糖…大さじ¾
　赤唐辛子の小口切り…1本分
塩…小さじ1

作り方

1　にんじんは皮をむき、長さ5cm、1cm角の棒状に切る。セロリは筋があれば取り、幅1cmの斜め切りにする。パプリカは縦半分に切ってへたと種を取り、縦に幅7〜8mmに切る。

2　ボールに①と塩を入れて全体を混ぜ、しんなりするまで5分ほどおき、水けをよく絞って耐熱の保存容器に入れる。

3　小鍋に漬け汁の材料を入れて強火にかけ、沸騰したら熱いうちに②に回しかける。そのままおいてさまし、冷蔵庫で保存する。

にんじんと切り昆布のナムル

塩でにんじんの水分を引き出し、昆布に吸わせて柔らかくします。
箸休めのほか、おつまみにも◎。

春の副菜

冷蔵で
3〜4日
保存可

調理時間
10分

材料　2人分×2回分

にんじん…2本(約320g)
切り昆布(乾燥)…20g
A
　ごま油…大さじ½
　にんにくのすりおろし、こしょう
　　…各少々
塩…小さじ⅓

作り方

1 にんじんは皮をむき、長さ3〜4cmの細切りにする。ボールに入れ、塩を全体にまぶして5分ほどおく。

2 にんじんがしんなりしたら、切り昆布、Aを加えてよく混ぜる。保存容器に入れ、冷蔵庫で保存する。すぐに食べる場合は20分ほどおいて味をなじませるとよい。

1人分 46kcal　塩分 0.8g

キャベツと豆のザワークラウト風

ドイツ風のキャベツ料理に豆を加えて、食べごたえアップ。
はちみつのまろやかな甘さとマスタードの酸味がポイント。

令蔵で
4〜5日
保存可

調理時間
10分

キャベツ…½個(約500g)
ミックスビーンズ(ドライパック・50g入り)
　…2袋
ローリエ…1枚
漬け汁
　白ワインビネガー(なければ酢)
　　…大さじ4
　はちみつ…大さじ2½〜3
　塩…小さじ¾
　粒マスタード…大さじ½
オリーブオイル…大さじ½

作り方

1 キャベツはしんをV字に切り、長さ
　を3等分に切って、縦に細切りにす
　る。漬け汁の材料を混ぜ合わせる。

2 フライパンにオリーブオイルとロ
　ーリエを入れて中火にかけ、キャベ
　ツ、ミックスビーンズを加えて炒め
　る。全体に油がなじんだら漬け汁を
　加えて強火にし、キャベツがしんな
　りするまで炒め、火を止める。さめ
　たら汁ごと保存容器に入れ、冷蔵庫
　で保存する。

1人分 111kcal　塩分 1.2g

キャベツとベーコンのレンジ煮

やさしいケチャップ味の洋風煮びたし。
大量のキャベツも、レンジ加熱 1 回で OK。

冷蔵で
3〜4日
保存可

調理時間
20分

春の副菜

材料 2人分×2回分

キャベツ…½個(約600g)
ベーコン…4枚
煮汁
　トマトケチャップ…大さじ2
　オリーブオイル…大さじ½
　洋風スープの素(顆粒)…小さじ½
　塩…小さじ¼
　こしょう、にんにくのすりおろし
　　…各少々
　水…½カップ
イタリアンパセリのみじん切り…少々

作り方

1 キャベツは食べやすい長さに切り、細切りにする。ベーコンは幅1cmに切る。

2 耐熱のボールに煮汁の材料を入れて混ぜ合わせ、①を加えて大きく混ぜる。ふんわりとラップをかけ、電子レンジで8分ほど加熱する。粗熱が取れたらイタリアンパセリを加えて混ぜ、保存容器に入れ、冷蔵庫で保存する。

1人分140kcal　塩分1.2g

きぬさやの煮びたし

意外と下ごしらえがめんどうなさや豆は、作りおきが便利。
そのまま箸休めにも。

 冷蔵で 2〜3日 保存可

 調理時間 5分

野菜一品の
クイック副菜

材料 2人分 × 2回分 と 作り方

きぬさや 200g はへたと筋を取る。小鍋
にだし汁½カップ、しょうゆ、みりん各
小さじ 2、塩少々を入れて中火にかけ
る。煮立ったらきぬさやを加え、ふたを
して 1 分弱煮る。さめたら煮汁ごと保存
容器に入れ、冷蔵庫で保存する。

1 人分 22kcal　塩分 0.3g

[アレンジ1]

きぬさやの卵とじ

材料 2人分 と **作り方**

小さめのフライパンに、「きぬさやの煮びたし」の煮汁½量と水を合わせて¼カップにして入れ、中火にかける。煮立ったら「きぬさやの煮びたし」のきぬさや½量を加え、再び煮立ったら、溶き卵2個分を回し入れる。ふたをして1分ほど煮る。

1人分 102kcal 塩分 0.7g

[アレンジ2]

きぬさやのしらすあえ

材料 2人分 と **作り方**

「きぬさやの煮びたし」のきぬさや½量をボールに入れ、しらす干し10gを加えて合わせる。器に盛り、「きぬさやの煮びたし」の煮汁適宜をかける。

1人分 29kcal 塩分 0.5g

春の副菜

たけのこのみそ炒め

みその風味を生かしたあえもののほか、汁ものにもアレンジできます。

冷蔵で 3〜4日 保存可

調理時間 8分

野菜一品の クイック副菜

材料 2人分×2回分 と 作り方

1 ゆでたけのこ 2 本(約400g)は 2cm角に切る。A [みそ大さじ 3、水大さじ 2、みりん大さじ 1、砂糖、しょうゆ各小さじ1]を混ぜ合わせる。

2 フライパンにサラダ油小さじ 1 を中火で熱し、たけのこを入れて炒める。油がなじんだら A を加えてからめ、火を止める。削り節 2 パック(約5g)を加えて混ぜ、さめたら保存容器に入れ、冷蔵庫で保存する。

1人分 83kcal 塩分 1.9g

たけのこのみそ汁

材料 2人分 と 作り方

小鍋に「たけのこのみそ炒め」の½量、だし汁2カップを入れ、中火にかける。煮立ったらしょうゆ小さじ2を加えて調味する。器に盛り、万能ねぎの小口切り適宜を散らす。

1人分92kcal 塩分3.0g

たけのことまぐろの酢みそあえ

材料 2人分 と 作り方

「たけのこのみそ炒め」の½量をボールに入れ、まぐろのぶつ切り120g、酢小さじ1、しょうゆ小さじ½を加え、よくあえる。

1人分160kcal 塩分2.2g

春の副菜

浅漬けにんじん

塩でしんなりさせておけば、炒めものも時短でできます。

冷蔵で
3〜4日
保存可

調理時間
10分

1人分 26kcal　塩分 0.6g

材料 2人分×2回分 と **作り方**

にんじん2本(約320g)は皮をむき、長さ
4〜5cm、幅7〜8mmの棒状に切り、ボー
ルに入れる。塩小さじ⅔をふって混ぜ、
5分ほどおく。ざるに上げてかるく水け
をきる。保存容器に入れ、冷蔵庫で保存
する。

にんじんとツナの卵炒め

材料 2人分 と **作り方**

フライパンにサラダ油小さじ½を中火で熱し、「浅漬けにんじん」の½量を入れ、1分ほど炒める。ツナ缶詰(オイル煮・70g入り) 1缶を汁ごと加え、さっと炒め合わせる。全体がなじんだら卵2個を割り入れ、大きくほぐしながら火を通す。

1人分 211kcal 塩分 1.1g

にんじんのマスタードマヨあえ

春の副菜

材料 2人分 と **作り方**

「浅漬けにんじん」の½量をボールに入れ、マヨネーズ、粒マスタード各大さじ½を加え、よくあえる。

1人分 55kcal 塩分 0.8g

夏の副菜

冷蔵で 2週間保存可

調理時間 15分

材料　2人分×2回分

ミニトマト…2 パック（約400g）
みょうが…4 個
マリネ液
　酢…大さじ 4
　はちみつ…大さじ 3
　塩…ひとつまみ

作り方

1　ミニトマトはへたを取る。みょうがは縦 4 等分に切る。

2　鍋に湯を沸かし、みょうがを入れてさっとゆで、ざるに上げる。同じ湯にミニトマトを入れ、さっとゆでて水にとり、ざるに上げて皮をむく。

3　保存容器に、マリネ液の材料と水大さじ 2 を入れてよく混ぜ合わせる。②を加えて冷蔵庫で保存する。

1 人分 55kcal　塩分 0.1g

ミニトマトとみょうがの
はちみつマリネ

みょうがの独特な苦みとトマトが好相性。甘酸っぱい味わいがくせになります。トマトは湯むきして、口当たりよく。

なすとピーマンの南蛮漬け

削り節を加えるから、だしいらずで簡単。
なすは手で裂くと味がよくなじみます。つやのあるシックな色合い。

冷蔵で
4〜5日
保存可

調理時間
20分

なすの粗熱を
取る時間は除
く。

材　料　2人分×2回分

なす…6個（約600g）
ピーマン…3個
南蛮酢
　酢…1/4カップ
　砂糖、しょうゆ、水…各大さじ2
　しょうがのせん切り…1/2かけ分
　赤唐辛子の小口切り…1本分
　ごま油…小さじ1
　塩…小さじ1/4〜1/3
削り節…1パック（約3g）

作 り 方

1 なすはへたを切り、フォークを全体に10カ所ほど刺す。1個ずつラップで包んで耐熱皿にのせ、電子レンジで8分加熱する。粗熱が取れたらラップをはずし、手で縦に6〜8等分に裂く。ピーマンは縦半分に切ってへたと種を除き、縦にせん切りにする。

2 耐熱のボールに南蛮酢の材料を入れて混ぜ合わせ、ラップをかけずに電子レンジで1分加熱する。熱いうちに①を加えてよく混ぜ、削り節を加えてさらに混ぜる。さめたら保存容器に入れ、冷蔵庫で保存する。

夏の副菜

1人分 62kcal　塩分 1.3g

かぼちゃと水菜のクリーミーサラダ

下ごしらえがめんどうなかぼちゃはまとめ調理が正解。
ドレッシングをかけて保存し、風味をキープします。

冷蔵で
2〜3日
保存可

調理時間
20分

材料　2人分×2回分

かぼちゃ…½個（正味 500g）
水菜…60g
ハム…4 枚
チーズマヨドレッシング
 マヨネーズ、粉チーズ…各大さじ 3
 酢…大さじ 1
 塩…少々

作り方

1 かぼちゃは種とわたを取る。耐熱の
ポリ袋に入れてかるく口を閉じ、柔
らかくなるまで電子レンジで 10 分
ほど加熱する。水菜は長さ 2cmに切
る。ハムは半分に切ってから、横に
細切りにする。ドレッシングの材料
を混ぜ合わせる。

2 かぼちゃの粗熱が取れたらボール
に入れ、皮ごとフォークで粗くつぶ
す。

3 ②に水菜とハムを加えて混ぜ合わ
せる。さめたら保存容器に入れ、ド
レッシングをかけて、冷蔵庫で保存
する。食べるときにドレッシングを
混ぜ合わせる。

1 人分 **239**kcal　塩分 **1.1**g

ズッキーニとキャベツの
マスタードサラダ

レモンとマスタードの酸味が野菜のやさしい甘みを引き立てます。
サンドイッチの具にしても◎。

材 料　2人分×2回分

ズッキーニ…2本
キャベツ…½個(約600g)
ドレッシング
| レモン汁…大さじ3
| オリーブオイル…大さじ2
| フレンチマスタード…大さじ1½
| 塩…小さじ⅓

作 り 方

1　ズッキーニはへたを切り、幅5mmの輪切りにする。キャベツは堅いしんの部分を取り除き、一口大に切る。大きめのボールに、ドレッシングの材料を混ぜ合わせる。

2　鍋に湯を沸かし、ズッキーニとキャベツを入れて中火で30秒ほどゆで、ざるに上げる。粗熱が取れたらぎゅっと絞り、①のボールに入れてよくあえる。保存容器に入れ、冷蔵庫で保存する。

冷蔵で
3〜4日
保存可

調理時間
10分

夏の副菜

1人分 110kcal　塩分 0.7g

エスニック春雨

おなじみの春雨サラダをパクチーやナンプラーでアジアンテイストに。
献立をぐっと夏らしく盛り上げます。

・冷蔵で
2〜3日
保存可

調理時間
15分

作 り 方

1　鍋に湯を沸かして春雨を袋の表示どおりにゆで、ざるに上げて粗熱を取り、食べやすい長さに切る。きゅうりは両端を切り、みょうがとともに、縦半分に切って、斜め薄切りにする。パクチーはざく切りにする。

2　ボールにエスニックだれの材料を混ぜ合わせる。帆立てを缶汁ごと加え、①、桜えびも加えて、よく混ぜ合わせる。保存容器に入れ、冷蔵庫で保存する。

1人分277kcal　塩分2.5g

ゴーヤーと大豆の酢じょうゆ漬け

酸味のきいたさっぱりだれが、ゴーヤーのほろ苦さと好相性。
箸休めやおつまみにぴったり。

冷蔵で1週間保存可

調理時間15分

材 料　2人分×2回分

ゴーヤー(小)…2 本(約400g)
大豆(ドライパック)…120g
酢じょうゆだれ
| 酢、しょうゆ…各大さじ3
| みりん…大さじ2
| 赤唐辛子の小口切り…少々
塩…少々

作 り 方

1　ゴーヤーはへたを切って縦半分に切り、わたと種を取り除く。横に幅3〜4mmの薄切りにして塩をふり、さっと混ぜて5分ほどおき、ペーパータオルで水けを拭く。

2　保存容器に酢じょうゆだれの材料を混ぜ合わせ、①と大豆を加え、冷蔵庫で保存する。

夏の副菜

1人分90kcal　塩分1.3g

はちみつトマト

はちみつの甘みと香りをほんのりとうつして食べやすく。

材料 2人分×2回分 と 作り方

トマト6個(約900g)はへたを取り、一口大の乱切りにする。保存容器に入れ、はちみつ大さじ2を回しかけ、ざっと混ぜる。冷蔵庫で保存する。

冷蔵で
3〜4日
保存可

調理時間
10分

1人分 72kcal　塩分 0.0g

トマトとアボカドのカレー炒め

材 料 2人分 と 作 り 方

1 アボカド1個（約170g）は縦に切り目を
ぐるりと入れ、ねじって2つに分け
る。種を除いて皮をむき、一口大に
切る。ベーコン4枚は幅2cmに切る。

2 フライパンにサラダ油小さじ1、に
んにくのみじん切り小さじ½を入
れて中火で熱し、ベーコンを加えて
さっと炒める。アボカド、「はちみ
つトマト」の½量を入れ、1分ほど
炒める。ツナ缶詰（70g入り）1缶を汁
ごと加え、炒め合わせる。カレー粉
大さじ½、塩、粗びき黒こしょう各
少々を加え、さっと混ぜる。

1人分465kcal 塩分1.4g

夏の副菜

トマトときゅうりのサラダ

材 料 2人分 と 作 り 方

きゅうり1本はへたを切り、一口大の乱
切りにする。黄パプリカ½個はへたと種
を取り、一口大の乱切りにする。ボール
にオリーブオイル大さじ½、酢大さじ
½、塩、こしょう各少々を入れてよく混
ぜる。「はちみつトマト」の½量、きゅう
り、パプリカを加えてあえる。

1人分118kcal 塩分0.4g

フライパン焼きなす

皮に細かく切り目を入れることで、
歯ざわりがよくなり、味もなじみます。

野菜一品の
クイック副菜

材料 2人分×2回分 と **作り方**

なす10個はへたを切って縦半分に切り、皮目に浅く格子状の切り目を入れる。フライパンにサラダ油大さじ1を中火で熱し、なすの½量を皮目を下にして入れ、ふたをして弱めの中火で5分ほど焼く。裏返し、再びふたをして5分ほど焼く。残りも同様に焼き、さめたら保存容器に入れ、冷蔵庫で保存する。

1人分 72kcal 塩分 0.0g

焼きなすと厚揚げのピリ辛焼き

材料 2人分 と **作り方**

1 厚揚げ1枚（約190g）は横に幅2cmに切る。「焼きなす」4〜5個分は横に幅2cmに切る。A［トマトケチャップ大さじ2、豆板醤（トウバンジャン）小さじ½〜1、みりん小さじ1］を混ぜる。

2 耐熱の器になすと厚揚げをバランスよく並べ入れ、Aを回しかけてピザ用チーズ30gを散らす。オーブントースター（P5参照）でチーズがこんがりとするまで10分ほど焼く。途中、焦げそうならアルミホイルをかぶせる。

1人分 282kcal　塩分 1.0g

焼きなすの酢じょうゆがけ

材料 2人分 と **作り方**

「焼きなす」4〜5個分は手で縦に3等分に裂く。酢、しょうゆ各大さじ½は混ぜ合わせる。器になすを盛って酢じょうゆをかけ、しょうがのすりおろし、万能ねぎの小口切り各適宜をのせる。

1人分 62kcal　塩分 0.7g

夏の副菜

とうもろこしのガーリックソテー

大人気のコーンバターに、にんにくの風味をプラス。

冷蔵で
3〜4日
保存可

調理時間
10分

材料 2人分×2回分 と **作り方**

1　とうもろこし4本(約1kg)は皮をむいてひげを取り、半分に切ってまな板に立て、身を包丁でそぎ取る(正味560g)。

2　フライパンにバター大さじ2(約20g)、にんにくのすりおろし小さじ1を入れて中火にかけ、香りが出たらとうもろこしを加えて2分ほど炒める。水大さじ4〜5をふり入れ、さらに5分ほど炒め、しょうゆ大さじ1、塩、こしょう各少々で調味する。さめたら保存容器に入れ、冷蔵庫で保存する。

1人分 171kcal 塩分 0.8g

とうもろこしとソーセージのコロコロ炒め

材料 作りやすい分量 と 作り方

玉ねぎ½個は1cm四方に切る。ウインナソーセージ6本は横に幅1cmに切る。フライパンにサラダ油小さじ1を中火で熱し、玉ねぎ、ソーセージを入れて4分ほど炒める。「とうもろこしのソテー」の½量を加えて炒め合わせ、器に盛って粗びき黒こしょう少々をふる。

1/3量で267kcal　塩分1.3g

コーンチーズトースト

材料 2人分 と 作り方

食パン(6枚切り)2枚にバター、トマトケチャップ各適宜を塗り、「とうもろこしのソテー」120gを等分にのせる。ピザ用チーズ60gを等分に散らし、オーブントースター(P5参照)でチーズが溶けるまで4～5分焼く。

1人分364kcal　塩分1.8g

夏の副菜

きゅうりの浅漬け 辛子風味

辛子の風味で味を引き締めます。しょうがのせん切りがアクセント。

冷蔵で
3～4日
保存可

調理時間
10分

1人分28kcal　塩分0.9g

野菜一品の
クイック副菜

材料 2人分×2回分 **と** **作り方**

きゅうり5本(約500g)はへたを切り、幅
1.5cmの輪切りにする。ボールにみりん、
練り辛子各小さじ2、塩小さじ1を混ぜ
合わせる。きゅうり、しょうがのせん切
り1かけ分を加えてよくあえる。保存容
器に入れ、冷蔵庫で保存する。

きゅうりとえびの中華炒め

材料 2人分 と 作り方

むきえび150gは背わたがあれば取り除く。ザーサイ（びん詰）20gは粗く刻む。フライパンにごま油小さじ1を中火で熱し、えびを入れてさっと炒める。色が変わったらザーサイ、「きゅうりの浅漬け」の1/2量を加えてさっと炒め合わせ、塩、こしょう各少々で調味する。

1人分 113kcal 塩分 1.9g

きゅうりと油揚げの辛子あえ

材料 2人分 と 作り方

フライパンを中火で熱し、油揚げ1枚を両面に焼き色がつくまで2〜3分ずつ焼く。粗熱が取れたら縦半分に切り、横に幅1cmに切る。ボールに入れ、「きゅうりの浅漬け」の1/2量を加えてあえる。

1人分 89kcal 塩分 0.9g

夏の副菜

揚げかぼちゃ

こんがりと素揚げにして風味アップ。
サラダや煮ものに使うとこくが出ます。

冷蔵で
2〜3日
保存可

調理時間
10分

野菜一品の
クイック副菜

材料 2人分 × 2回分 と **作り方**

かぼちゃ⅓個(約500g)は種とわたを取り
除き、横半分に切って、縦に幅7〜8mm
に切る。フライパンに揚げ油を高さ1cm
ほど入れ、中火で低めの中温(170℃・P5参
照)に熱する。かぼちゃを水けを拭いて
入れ、ときどき返しながら両面がこんが
りとするまで4〜6分揚げる。取り出し
て油をきり、さめたら保存容器に入れ、
冷蔵庫で保存する。

1人分 **175**kcal 塩分 **0.0**g

揚げかぼちゃのサラダ

材料 2人分 と **作り方**

レタスの葉2枚（約100g）は一口大にちぎる。ボールにレモン汁大さじ1、オリーブオイル大さじ½、砂糖小さじ½、塩小さじ¼、こしょう少々を入れ、よく混ぜ合わせる。「揚げかぼちゃ」の½量、ベビーリーフ1袋（約50g）、レタスを加え、ざっくりとあえる。

1人分218kcal　塩分0.6g

揚げかぼちゃの煮びたし

夏の副菜

材料 2人分 と **作り方**

みょうが2個は縦4等分に切る。鍋に水½カップ、めんつゆ（3倍濃縮）大さじ1、みりん小さじ1、塩少々を入れ、中火にかける。煮立ってきたらみょうがを加え、再び煮立ったら「揚げかぼちゃ」の½量を加えてひと煮する。

1人分189kcal　塩分0.9g

焼きパプリカのマリネ

オイルを塗って焼くだけ。自然の甘みが引き立ちます。

冷蔵で
3〜4日
保存可

調理時間
15分

野菜一品の
クイック副菜

材 料 2人分×2回分 と 作 り 方

パプリカ(赤・黄)各2個は縦半分に切っ
てへたと種を取る。表面にサラダ油を薄
く塗り、魚焼きグリル(両面焼き)* に並べ、
皮目にところどころ焼き色がつくまで、
弱めの中火で8〜10分焼く。粗熱が取
れたら一口大に切る。保存容器に入れ、
冷蔵庫で保存する。

*片面焼きの場合は、皮目を上にして並べ、弱めの
中火で7〜9分焼き、裏返してさらに5〜6分焼く。

1人分 52kcal 塩分 0.0g

焼きパプリカのだしじょうゆがけ

材料 2人分 と 作り方

だし汁、しょうゆ各大さじ½を混ぜ合わせる。「焼きパプリカ」の½量を器に盛ってだしじょうゆをかけ、削り節少々をふる。

1人分 56kcal　塩分 0.7g

焼きパプリカのチーズあえ

材料 2人分 と 作り方

ボールに「焼きパプリカ」の½量、粉チーズ大さじ1、粗びき黒こしょう少々を入れてよくあえ、塩少々で調味する。

1人分 66kcal　塩分 0.4g

夏の副菜

秋の副菜

冷蔵で 約2週間 保存可　**調理時間 20分**

1人分 67kcal　塩分 0.6g

材料　2人分×2回分

ごぼう(大)…1本(約200g)
ねぎの白い部分…1 ½本分(約120g)
マリネ液
　酢、水…各½カップ
　はちみつ…大さじ1 ½
　カレー粉、塩…各小さじ½

作り方

1　ごぼうは皮をこすって洗い、一口大の乱切りにする。ねぎは長さ3cmに切る。

2　耐熱のボールにごぼうとマリネ液の材料を入れてざっと混ぜ、ふんわりとラップをかけて電子レンジで4分ほど加熱する。

3　ねぎを加えて混ぜ、新しいラップをふんわりとかけて、電子レンジでさらに3分ほど加熱する。取り出し、ラップをかけたまませめるまでおく。保存容器に汁ごと入れ、冷蔵庫で保存する。

ごぼうとねぎのカレーピクルス

かむほどに、ピクルス液がじゅわっとしみ出て、くせになります。
食物繊維たっぷりの常備菜。

かぶとじゃこのペペロン炒め

にんにくの風味と赤唐辛子の辛みをピリッときかせた洋風の常備菜。
かぶの茎と葉も使って、栄養満点！

冷蔵で
2〜3日
保存可

調理時間
15分

材 料　2人分×2回分

かぶ(小)…6個(約430g)
ちりめんじゃこ…30g
にんにくのみじん切り…小さじ1
赤唐辛子の小口切り…少々
オリーブオイル…大さじ½
塩、粗びき黒こしょう…各少々

作 り 方

1 かぶはよく洗い、茎を切り分ける。
　身は皮つきのまま小さめの乱切り
　にし、茎と葉は幅1.5cmに切る。

2 フライパンにオリーブオイル、にん
　にく、赤唐辛子を入れて中火にか
　け、香りが立ったらかぶの身を加え
　て5分ほど炒める。

3 ちりめんじゃこ、かぶの茎と葉を順
　に加え、そのつどさっと炒め合わせ
　て、塩、粗びき黒こしょうをふって
　調味する。さめたら保存容器に入
　れ、冷蔵庫で保存する。

秋の副菜

1人分51kcal　塩分0.7g

里いもとツナの和風サラダ

里いもが主役の目新しい一品。ツナのこくで全体がおいしくまとまります。
和風はもちろん、洋風のメインにもぴったり。

冷蔵で
2 〜 3 日
保存可

調理時間
20分

材 料 2人分×2回分

里いも（大）…5 〜 6 個（約500g）
ツナ缶詰（オイル煮・70g入り）…1 缶
万能ねぎ…4 〜 5 本
A
| サラダ油、しょうゆ、酢…各大さじ½
| 塩…少々

作 り 方

1 里いもは皮をこすってよく洗い、耐
　熱皿にのせてふんわりとラップを
　かけ、電子レンジで柔らかくなるま
　で 10 分ほど加熱する。粗熱が取れ
　たら皮をむき、ボールに入れて木べ
　らで粗くつぶす。万能ねぎは長さ
　3cmに切る。ツナ缶は缶汁をかるく
　きる。A は混ぜ合わせる。

2 ①のボールにツナ、万能ねぎ、A を
　加えてよく混ぜる。保存容器に入
　れ、冷蔵庫で保存する。

1 人分 136kcal 塩分 0.7g

フライドれんこん にんにくカレー風味

揚げ焼きしたれんこんに、パンチのあるカレーだれをまぶして。
ビールのおつまみにもおすすめ。

冷蔵で
3～4日
保存可

調理時間
15分

材料 2人分×2回分

れんこん…2節(約400g)
カレーだれ
- 酢…大さじ1
- カレー粉…大さじ½
- 塩…小さじ¼
- にんにくのすりおろし…小さじ⅕
サラダ油…大さじ2～3

作り方

1. れんこんは皮つきのままよく洗って水けを拭き、縦半分に切って横に幅6～7mmに切る。ボールにカレーだれの材料を混ぜ合わせる。

2. フライパンにサラダ油を中火で熱し、れんこんを入れる。弱めの中火にし、ときどき返しながら、焼き色がつくまでじっくり6～7分揚げ焼きにする。油をきって熱いうちにカレーだれのボールに加え、よくあえる。さめたら保存容器に入れ、冷蔵庫で保存する。

1人分116kcal 塩分0.5g

ボイルれんこん

酢を加えた湯で白く仕上げて。
さっとゆでて歯ざわりをキープします。

冷蔵で
3〜4日
保存可

調理時間
10分

野菜一品の
クイック副菜

材料 2人分×2回分 と **作り方**

1 れんこん2節(約400g)はピーラーで皮を
むいて薄い輪切りにし、大きければ半月
切りにする。

2 鍋に湯3カップほどを沸かし、酢大さじ
1を加える。①を入れて中火で1分ほど
ゆで、ざるに上げて水けをきる。粗熱が
取れたら水けを拭き、オリーブオイル大
さじ1、塩小さじ¼を加えてあえる。保
存容器に入れ、冷蔵庫で保存する。

1人分 87kcal 塩分 0.4g

ボイルれんこんのたらこあえ

材料 2人分 と **作 り 方**

ボールに「ボイルれんこん」の½量、たらこのほぐし身1はら分（約50g）、レモン汁小さじ1を入れ、よくあえる。

1人分 123kcal　塩分 1.5g

［アレンジ2］

れんこんとじゃこのチーズ焼き

材料 2人分 と **作 り 方**

耐熱の器（10×10㎝くらいのもの）に「ボイルれんこん」の½量を敷きつめ、ちりめんじゃこ大さじ3をふる。ピザ用チーズ50gを散らし、オーブントースター（P5参照）でチーズがこんがりとするまで7〜8分焼く。万能ねぎの小口切り適宜を散らす。

1人分 196kcal　塩分 1.3g

秋の副菜

マッシュドスイートポテト

冷蔵で 3〜4日 保存可

調理時間 20分

野菜一品の
クイック副菜

材料 2人分×2回分 と 作り方

1 さつまいも（大）1本（約500g）は皮を厚めにむいて幅3cmの半月切りにし、水に5分ほどさらしてざるに上げる。鍋にさつまいもを入れ、ひたひたの水を注いで強火にかける。沸騰したら弱めの中火にし、柔らかくなるまで10分ほどゆでる。

2 湯を捨て、再び中火にかけて粉ふきにし、火を止める。熱いうちにフォークなどで細かくつぶし、牛乳1/3カップ、塩、こしょう各少々を加えてよく混ぜる。さめたら保存容器に入れ、冷蔵庫で保存する。

1人分 162kcal 塩分 0.2g

さつまいもとツナのサラダ

材料 2人分 と **作り方**

ツナ缶詰(オイル煮・70g入り)は缶汁をかるくきる。サラダほうれん草(小) 1 袋(約50g)は長さ 3 〜 4cmに切る。ボールに「スイートポテト」の½量、ツナ、ほうれん草、マヨネーズ大さじ 1、塩少々を入れ、よくあえる。

1人分 282kcal 塩分 1.0g

さつまいものポタージュ

材料 2人分 と **作り方**

鍋に「スイートポテト」の½量を入れ、牛乳 1 ½カップを少しずつ加えながら溶きのばす。バター10gを加えて中火にかけ、ふつふつとしてきたら塩少々で調味する。火を止めて器に盛り、あればイタリアンパセリの粗いみじん切り少々を散らす。

1人分 303kcal 塩分 0.9g

秋の副菜

たたきごぼうの含め煮

ごぼうはたたくことで繊維がほぐれ、ぐっと食べやすくなります。

冷蔵で**3〜4日**保存可

調理時間**20分**

材 料 2人分×2回分 と **作 り 方**

1 ごぼう(小)4本(約400g)は皮をこそげてめん棒でかるくたたき、長さ6cmに切る。太い場合は縦半分に裂く。水に5分ほどさらし、ざるに上げる。

2 鍋に①、だし汁½カップ、薄口しょうゆ、みりん各大さじ1½、しょうが汁小さじ½、塩少々を入れて中火にかけ、ふつふつとしてきたらふたを少しずらしてのせ、弱めの中火で10分ほど煮る。さめたら汁ごと保存容器に入れ、冷蔵庫で保存する。

1人分79kcal 塩分0.8g

たたきごぼうの竜田揚げ

材料 2人分 と 作り方

「ごぼうの含め煮」の½量は汁けをよくきり、片栗粉適宜をしっかりまぶす。フライパンに高さ 1cmの揚げ油を入れ、中火で中温(P5参照)に熱する。ごぼうを入れ、ときどきころがしながら5分ほど揚げる。

1人分 141kcal　塩分 0.8g

たたきごぼうの白あえ

材料 2人分 と 作り方

1　万能ねぎ2本は長さ 3cmの斜め切りにする。「ごぼうの含め煮」の½量は汁けをきる。木綿豆腐⅓丁(約100g)はペーパータオルに包んで重しをのせ、5分ほど水きりする。

2　ボールに豆腐、白すりごま大さじ1、みそ小さじ1、砂糖小さじ½を入れてよく混ぜ合わせ、ごぼう、万能ねぎを加えてあえる。

1人分 151kcal　塩分 1.2g

秋の副菜

冬の副菜

大根や白菜など大きな野菜は特に、常備菜にして食べきるのがおすすめ。

材料 2人分×2回分

大根…1/3本(約450g)
大根の葉…80〜100g
甘酢
| 砂糖…大さじ3
| 酢…大さじ1
| 塩…小さじ1
| 赤唐辛子の小口切り…少々

作り方

1 大根は皮をむいて縦に4つ割りにし、横に幅5mmの薄切りにする。葉は幅5mmに刻む。

2 ポリ袋に①と甘酢の材料を入れ、袋の上から手でかるくもんで、全体をよく混ぜる。保存容器に汁ごと移し、冷蔵庫で保存する。すぐに食べる場合は20分ほどおいて味をなじませるとよい。

1人分 41kcal 塩分 0.1g

冷蔵で
4〜5日
保存可

調理時間
10分

味をなじませる時間は除く。

大根の甘酢漬け

冬の大根は葉も柔らかくて栄養満点。
砂糖の甘みで大根のくせがやわらぎます。

ほうれん草のカッテージチーズサラダ

まろやかなカッテージチーズとほうれん草の甘みが好相性。
パンにはさんで食べるのもおすすめ。

材 料　2人分×2回分

ほうれん草…2わ（約400g）
ハム…4枚
カッテージチーズ…50g
A
| マヨネーズ…大さじ2
| レモン汁…小さじ1
| 塩…少々

作 り 方

1　ほうれん草は根元を切る。熱湯でしんなりするまでゆでて水にとり、水けをしっかり絞って長さ3cmに切る。ハムは半分に切り、横に細切りにする。

2　ボールに①、カッテージチーズ、Aを入れてよく混ぜ合わせる。保存容器に入れ、冷蔵庫で保存する。

冬の副菜

1人分112kcal　塩分1.0g

春菊と厚揚げの煮びたし

厚揚げを煮ていったん取り出し、
うまみのうつった煮汁で春菊をさっと煮るのがポイント。

材料　2人分×2回分

春菊…2 わ（約 400g）
厚揚げ（大）…1 枚（約 320g）
煮汁
　だし汁…1 カップ
　しょうゆ、みりん…各大さじ 1 ½
　塩…小さじ ⅕

作り方

1 春菊は根元の太い部分を切って長さ 4cm に切り、茎と葉先の部分に分けておく。厚揚げは一口大に切る。

2 鍋に煮汁の材料を入れて中火で煮立てる。厚揚げを加え、2 分ほど煮たらいったん取り出す。

3 ②の鍋に春菊の茎と葉を順に加えてさっと煮る。しんなりとしたら火を止め、厚揚げを戻し入れ、全体を混ぜ合わせる。さめたら保存容器に入れ、冷蔵庫で保存する。

冷蔵で
2～3日
保存可

調理時間
10分

1 人分 164kcal　塩分 1.5g

白菜のじゃこマヨサラダ

大きな葉野菜はまとめて刻んでおくと、あとが本当にラク！
塩もみでかさもぐっと減らせます。

材料 2人分×2回分

白菜…¼株(約700g)
ちりめんじゃこ…大さじ 6(約30g)
マヨネーズ…大さじ 5
塩…適宜

作り方

1 白菜はしんと葉に切り分け、外側の大きな葉やしんはさらに縦半分に切る。それぞれ横に幅7〜8mmに切り、大きめのボールに入れて塩小さじ½をふり、全体にまぶして10分ほどおく。しんなりとしたら水けをしっかりと絞る。

2 ボールの水けを拭いて白菜を戻し入れ、じゃこ、マヨネーズ、塩少々を加えてよくあえる。保存容器に入れ、冷蔵庫で保存する。

1人分139kcal　塩分1.2g

小松菜の酒蒸し

少量の水分で蒸すから、風味満点！
しょうがを加えて、アレンジ力アップ。

冷蔵で
3〜4日
保存可

調理時間
10分

野菜一品の
クイック副菜

材料 2人分×2回分 と **作り方**

1. 小松菜(大) 2 わ(約 600g) は長さ 5cm に切る。フライパンに小松菜、しょうがのせん切り 1 かけ分を合わせて入れる。

2. 酒大さじ 1、水大さじ 2 を合わせて回し入れ、強火にかけてふたをする。ふつふつとしたら中火で 3 〜 4 分加熱し、全体をざっと混ぜ合わせて火を止める。さめたら保存容器に入れ、冷蔵庫で保存する。

1人分 25kcal 塩分 0.0g

小松菜と豚肉の塩炒め

材料 2人分 と **作り方**

1 豚バラ薄切り肉100gは長さ4cmに切り、塩少々をふる。

2 フライパンにサラダ油小さじ1を中火で熱して豚肉を入れ、3分ほど炒める。「小松菜の酒蒸し」の½量を水けをきって加え、炒め合わせて塩、こしょう各少々で調味する。

1人分 **241**kcal　塩分 **0.8**g

小松菜とはんぺんの辛子酢じょうゆあえ

材料 2人分 と **作り方**

ボールにしょうゆ、酢各小さじ2、練り辛子小さじ½、砂糖ひとつまみを入れ、よく混ぜ合わせる。「小松菜の酒蒸し」の⅓～½量を水けをきって加え、食べやすくちぎったはんぺん½枚分(約50g)も加えてさっとあえる。

1人分 **58**kcal　塩分 **1.3**g

冬の副菜

レンジゆず白菜

ゆずの皮と絞り汁のダブル使いで、さわやかな風味が持続します。

野菜一品の
クイック副菜

材料 2人分×2回分 と 作り方

1 白菜¼株(約600g)は 3 ～ 4cm四方に切る。大きめの耐熱のボールに入れてふんわりとラップをかけ、電子レンジで 6 分加熱する。熱いうちに全体を混ぜ、粗熱が取れたら水けを絞る。

2 ボールの水けを拭いて戻し入れ、ゆずの皮のせん切り¼個分、ゆずの絞り汁½個分を加えて混ぜる。保存容器に入れ、冷蔵庫で保存する。

冷蔵で
2 ～ 3日
保存可

調理時間
10分

1 人分22kcal 塩分0.0g

ゆず白菜と厚揚げの煮びたし

材料 2人分 と **作り方**

厚揚げ1枚（約190g）は一口大に切る。鍋にだし汁1/2カップ、しょうゆ、みりん各小さじ2、塩少々を入れて中火にかける。煮立ったら「ゆず白菜」の1/2量、厚揚げを加え、1分ほど煮る。

1人分 185kcal 塩分 1.2g

白菜とベーコンのゆず炒め

材料 2人分 と **作り方**

ベーコン2枚は横に幅2cmに切る。フライパンにサラダ油小さじ1を中火で熱し、ベーコンを入れてさっと炒める。「ゆず白菜」の½量を加えて油がなじむまで炒め合わせ、塩、こしょう各少々で調味する。

1人分 122kcal 塩分 0.6g

冬の副菜

ブロッコリーのオイルあえ

柔らかくゆでると活用の幅が広がります。
サンドイッチからあえものまで大活躍！

冷蔵で
3〜4日
保存可

調理時間
15分

野菜一品の
クイック副菜

材 料 2人分×2回分 と 作り方

1 ブロッコリー2株(450〜500g)は小房に分け、茎は皮を厚めにむいて横に幅1.5cmに切る。鍋に湯を沸かし、茎を入れて中火で2分ほどゆで、房も加えて柔らかくなるまで7〜8分ゆでる。ざるに上げて水けをきり、粗熱が取れたらペーパータオルで水けを拭く。

2 ボールに入れてめん棒などで粗くつぶし、オリーブオイル大さじ2、塩小さじ¼を加えてあえる。保存容器に入れ、冷蔵庫で保存する。

1人分90kcal　塩分0.4g

［アレンジ1］
ブロッコリーサンド

材料 2人分 と **作り方**

ボールに「ブロッコリーのオイルあえ」の⅓量、マヨネーズ大さじ2を入れ、よく混ぜる。食パン（6枚切り）2枚のうち、1枚の片面に好みで練り辛子を薄く塗り、ブロッコリーを全体にのせる。残りの食パンをのせてはさむ。ラップでぴっちりと包んで5分ほどおいてなじませ、食べやすく切る。

1人分 302kcal　塩分 1.4g

［アレンジ2］
ブロッコリーと豆腐のおかかあえ

材料 2人分 と **作り方**

木綿豆腐½丁（約150g）はペーパータオルに包み、皿などで重しをして20分ほどおき、水けをきる。2cm角に切ってボールに入れ、「ブロッコリーのオイルあえ」の¼量、削り節1パック（約3g）、しょうゆ小さじ½〜1を加え、さっくりとあえる。

1人分 105kcal　塩分 0.5g

冬の副菜

131

ほうれん草のガーリックソテー

炒めたらざるに広げてさますのがコツ。
食感や色みのよさをキープできます。

冷蔵で
2〜3日
保存可

調理時間
10分

野菜一品の
クイック副菜

材料 2人分×2回分 と 作り方

1 ほうれん草3わ（約600g）は根元を切り、長さ3〜4cmに切る。

2 フライパンにサラダ油、にんにくのみじん切り各大さじ½を入れ、中火にかける。香りが立ったらほうれん草の½量を加え、しんなりするまで2分ほど炒めてざるに広げる。残りも同様に炒めてざるに上げ、さめたらともに保存容器に入れ、冷蔵庫で保存する。

1人分 60kcal 塩分 0.0g

ほうれん草とハムの中華あえ

材 料 2人分 と 作 り 方

ハム2枚は半分に切ってから幅1cmに切ってボールに入れる。「ほうれん草ソテー」の⅓量、白すりごま大さじ1、しょうゆ、ごま油各小さじ1を加え、よくあえる。

1人分 117kcal　塩分 0.8g

ほうれん草のカレースープ

材 料 2人分 と 作 り 方

鍋に水2カップ、カレー粉小さじ1、洋風スープの素(顆粒)小さじ⅓、塩小さじ½を入れて中火にかける。煮立ってきたら「ほうれん草ソテー」の⅓量を加え、さっと煮る。

1人分 45kcal　塩分 1.4g

冬の副菜

通年の副菜

乾物や大豆加工品などを使った、年じゅう役立つ副菜レシピです。

1人分 123kcal　塩分 0.7g

材料　2人分×2回分

ねぎの白い部分…3本分（約240g）
油揚げ…2枚
あえごろも
| 白すりごま、水…各大さじ2
| しょうゆ、みりん…各大さじ1

作り方

1　ねぎは長さ3cmに切ってフライパンに並べ、中火にかける。ふたをしてこんがりと焼き色がつくまで、両面を1〜2分ずつ焼いて取り出す。

2　同じフライパンに油揚げを並べ入れる。ペーパータオルで表面の油を拭きながら、両面にこんがりと焼き色がつくまで焼いて取り出す。粗熱が取れたら縦半分に切り、横に幅1cmに切る。

3　ボールにあえごろもの材料を混ぜ合わせ、①と②を加えてよくあえる。さめたら保存容器に入れ、冷蔵庫で保存する。

ねぎと油揚げのごまあえ

ねぎの甘みと、油揚げのうまみがあとを引くおいしさ。
油揚げは湯通しせず、保存性をアップ。

切り干し大根とツナのサラダ

人気のツナサラダに切り干し大根を加えてヘルシーに。
和洋どちらの献立にも合う便利な副菜。

1人分 129kcal　塩分 0.7g

材料　2人分×2回分

切り干し大根…40g
ツナ缶詰（70g入り）…1缶
きゅうり…1本
にんじん…½本（約80g）
ドレッシング
　レモン汁…大さじ2
　マヨネーズ、プレーンヨーグルト
　　…各大さじ1½
　砂糖…小さじ1
　塩…小さじ¼

作り方

1　切り干し大根は洗ってたっぷりの水に15分ほどつけてもどし、水けを絞って食べやすく切る。きゅうりは両端を切り、長さ3〜4cmのせん切りにする。にんじんは皮をむき、長さ3〜4cmのせん切りにする。ツナ缶は缶汁をかるくきる。

2　鍋に湯を沸かし、切り干し大根を入れて中火で1分ほどゆで、ざるに上げる。同じ湯ににんじんを入れて1分ほどゆで、ざるに上げる。ともに粗熱が取れたら、水けをぎゅっと絞る。

3　ボールにドレッシングの材料を入れて混ぜ合わせ、②ときゅうり、ツナを加えてよくあえる。保存容器に入れ、冷蔵庫で保存する。

通年の副菜

玉ねぎのシンプルソテー

炒め玉ねぎは作っておくと時短。
使い勝手のよい甘みのもとに。

野菜一品の
クイック副菜

材料 2人分×2回分 **と** **作り方**

玉ねぎ（大）2個（約500g）は縦半分に切って横半分に切り、縦に幅7mmに切る。フライパンにサラダ油大さじ1を中火で熱し、玉ねぎを入れて5分ほど炒める。しんなりしたら塩小さじ¼、こしょう少々で調味する。さめたら保存容器に入れ、冷蔵庫で保存する。

冷蔵で
4～5日
保存可

調理時間
10分

1人分 74kcal　塩分 0.3g

玉ねぎとツナのトマトスープ

材料 2人分 と **作り方**

鍋に水1カップ、「玉ねぎソテー」の¼量、ツナ缶詰（オイル煮・70g入り）1缶、トマトジュース（無塩）1カップを入れ、中火にかける。煮立ったら弱火にし、塩少々で調味して火を止める。

1人分 148kcal 塩分 0.9g

玉ねぎソテーの和風ブルスケッタ

材料 2人分 と **作り方**

みそ大さじ½、しょうゆ、砂糖、ごま油各小さじ½をよく混ぜ合わせ、バゲット（幅1cmに切ったもの）6枚の片面に等分に塗る。「玉ねぎソテー」の¼量を等分にのせ、万能ねぎ（長さ2〜3cmに切ったもの）適宜をのせる。

1人分 134kcal 塩分 1.4g

通年の副菜

137

粉ふきいものオイルあえ

水分をとばして、保存性を高めます。オイルをからめれば、パサつきません。

冷蔵で
3〜4日
保存可

調理時間
20分

材料 2人分×2回分 と **作り方**

1 じゃがいも 4〜5個（約650g）は皮をむき、小さめの一口大に切る。鍋に入れ、水をひたひたに注いで強火にかける。煮立ったらアクを取り、弱めの中火で 15 分ほどゆでる。竹串を刺してすーっと通ったら湯を捨て、再び中火にかけて粉ふきにする。

2 熱いうちに塩小さじ¾、こしょう少々、オリーブオイル大さじ 1 をからめる。さめたら保存容器に入れ、冷蔵庫で保存する。

1人分 130kcal　塩分 1.1g

レタスたっぷりポテサラ

材料 2人分 と **作り方**

耐熱のボールに「粉ふきいも」の½量を入れ、ふんわりとラップをかけ、電子レンジで2分ほど加熱する。粗熱が取れたらレタスの葉3枚(約120g)を一口大にちぎって加え、マヨネーズ大さじ2、塩少々を加えてよく混ぜる。

1人分 218kcal 塩分 1.6g

[アレンジ2]

ジャーマンポテト

材料 2人分 と **作り方**

ベーコン2枚は幅2cmに切る。玉ねぎ½個は縦に薄切りにする。フライパンにオリーブオイル小さじ1、にんにくの薄切り1かけ分を入れ、中火にかける。香りが立ったら玉ねぎ、ベーコン、「粉ふきいも」の½量、粗びき黒こしょう少々を加え、さっと炒め合わせる。

1人分 255kcal 塩分 1.5g

通年の副菜

海草と貝割れ菜のオイルマリネ

積極的にとりたい海草やスプラウトが手軽に食べられます。

材 料 2人分×2回分 と **作 り 方**

海草ミックス（乾燥）20g はたっぷりの水に5分ほどつけてもどし、水けをきる。貝割れ菜2パック（約100g）は根元を切り、長さを半分に切る。ボールに海草ミックス、貝割れ菜を合わせ、サラダ油大さじ2を加えてからめる。保存容器に入れ、冷蔵庫で保存する。

冷蔵で **2〜3日** 保存可

調理時間 **8分**

1人分 64kcal 塩分 0.2g

海草とたこのさっと蒸し

材料 2人分 と **作り方**

ゆでたこの足2本(160～180g)は一口大の
そぎ切りにする。A［オリーブオイル大
さじ1、レモン汁大さじ½、塩小さじ⅓、
粗びき黒こしょう少々］を混ぜ合わせ
る。フライパンに「海草と貝割れ菜」の½
量とたこ、水大さじ2を入れて中火にか
ける。煮立ってきたらふたをして1分ほ
ど蒸し、Aを回しかける。

1人分 199kcal 塩分 1.7g

海草と豆腐の中華サラダ

材料 2人分 と **作り方**

オイスターソース、酢各大さじ1、しょ
うゆ小さじ½を混ぜ合わせ、ドレッシン
グを作る。「海草と貝割れ菜」の½量をボ
ールに入れ、木綿豆腐1丁(約300g)を一
口大にちぎって加える。白すりごま大さ
じ1を加えてさっとあえ、器に盛ってド
レッシングを回しかける。

1人分 211kcal 塩分 1.6g

通年の副菜

いり大豆のだししょうゆ漬け

カルシウムの補給に毎日少しずつ。
サラダやあえものに加えて。

冷蔵で
約1カ月
保存可

調理時間
20分

材料 作りやすい分量 と 作り方

1 赤唐辛子1本はへたと種を取る。昆布(5
× 10cm) 1枚(約2g)をキッチンばさみで幅
1cmに切る。耐熱の保存容器に赤唐辛
子、昆布、だし汁2カップ、しょうゆ½
カップ弱、みりん * 大さじ4を入れて合
わせる。

2 大豆(乾燥) 300g は乾いたふきんでよく拭
き、フライパンに入れて中火にかける。
絶えず混ぜながら、かるく焼き色がつく
まで15分ほどいる。熱いうちに漬け汁の
入った保存容器に加える。すぐに食べる
場合は半日ほどおいて味をなじませる。

* アルコールをとばす

1/10量で 135kcal 塩分 0.5g

いり大豆のカッテージチーズあえ

材料 2人分 と 作り方

「いり大豆」80 〜 100g をボールに入れ、カッテージチーズ 20g を加えてよくあえる。器に盛り、削り節少々をのせる。

1人分 120kcal 塩分 0.5g

いり大豆とアボカドのサラダ

材料 2人分 と 作り方

アボカド½個は種を取って皮をむき、1.5cm角に切る。ミニトマト 10 個はへたを取る。ボールにオリーブオイル大さじ1、「いり大豆」の漬け汁大さじ 2 を入れて混ぜ合わせ、アボカド、ミニトマト、「いり大豆」60g を加えてさっとあえる。

1人分 223kcal 塩分 0.7g

通年の副菜

143

料理　みないきぬこ

料理研究家。女子栄養大学を卒業後、
料理家・枝元なほみさんのアシスタントを7年半務め、独立。
雑誌やTVなどで活躍するほか、母校では非常勤講師も務める。
著書に『野菜がおいしい減塩おかず』(女子栄養大学出版部)、
『かんたん仕込みで帰ったらすぐごはん　新装版』(マイナビ出版)など。

ブックデザイン	茂木隆行
編集・構成	加藤洋子
撮影	鈴木泰介
スタイリング	久保田朋子
校正	みね工房
編集担当	井上留美子

素材別で探しやすい137品

一生使える作りおき

2024年12月5日　第1刷発行

発行人　鈴木善行
発行所　株式会社オレンジページ
　　　　〒108-8357　東京都港区三田1-4-28　三田国際ビル
　　　　電話　03-3456-6672(ご意見ダイヤル)
　　　　　　　048-812-8755(書店専用ダイヤル)
印刷・製本　三共グラフィック株式会社
Printed in Japan
©ORANGEPAGE 2024
ISBN978-4-86593-704-6
• 本書は小社刊行の『オレンジページCooking』2017年ラクうま献立号〜2019
年冬号に掲載した「週末の作り置き」を再構成したものです。